GLOUTONS ET GOURMETS

Éditeurs:
LES ÉDITIONS LA PRESSE, LTÉE
44, rue Saint-Antoine ouest
Montréal H2Y 1J5

Conception graphique:
JEAN PROVENCHER

Photographie en page couverture:
ROBERT ETCHEVERRY

Tous droits réservés:
LES ÉDITIONS LA PRESSE, LTÉE
©Copyright, Ottawa, 1985

Dépôt légal:
BIBLIOTHÈQUE NATIONALE DU QUÉBEC
4ᵉ trimestre 1985

ISBN 2-89043-162-2

1 2 3 4 5 6 90 89 88 87 86 85

GÉRARD DELAGE

GLOUTONS ET GOURMETS

la presse

Premier avant-propos

Vous pouvez lire ce livre sans crainte. Je vous jure sur la tête de saint Fortunat, patron des gastronomes, que vous n'y trouverez:

> *aucun régime alimentaire;*
> *aucun programme athlétique;*
> *aucune cure d'amaigrissement;*
> *ou aucun mode de comportement qui aiderait plus tard le Vatican à préparer votre procès de canonisation.*

Mon seul but est de vous permettre de rajuster votre tir si, comme votre humble serviteur, certains égarements vous empêchent parfois d'apprécier pleinement tous les charmes de l'existence.

Deuxième avant-propos

*Détachez votre ceinture, ajustez votre
appareil et, surtout, aiguisez votre sens de
l'humour. Il ne faudra pas vous étonner si je
suis moins solennel que Karl Marx. Je ne vous
parlerai pas de Capital, mais je tenterai
d'ajouter à mon texte plus d'intérêt. Je vous
raconterai tout simplement ce que j'ai vu, ce
que j'ai entendu, ce que j'ai observé, ce que j'ai
vécu. Il en découlera parfois des remarques
loufoques qui seront le reflet de mes bons coups
et de mes joyeuses fortunes, aussi bien que de
mes échecs et de mes déboires.*

Dernier avant-propos

Maintenant que vous êtes rassuré, du moins je
l'espère, vous pouvez parcourir les prochaines
pages en pleine confiance. Au moment où
j'écris ces lignes, je suis un jeune septuagénaire.
Ne riez pas. Car si la vie commence à
quarante ans, c'est loin d'être vieux. Quelle que
soit votre opinion à ce sujet, je tâcherai d'être
aussi jeune de coeur et d'esprit que je vous
souhaite de l'être. De cette façon, nous serons
sur la même longueur d'ondes et, si je prends
soin de régler ma synchronisation, vous en
verrez non seulement de toutes les couleurs,
mais aussi de toutes les saveurs!

Chapitre I

On naît gourmand,
on devient gourmet

Je ne suis pas de ceux qui croient qu'un bébé naissant apporte avec lui toutes les qualités, bonnes ou mauvaises, de son père, de son grand-père, de son arrière-grand-père et de tous ceux qui les ont précédés dans la nuit des temps.

J'admets que tous ceux qui, selon l'expression à la mode, veulent se dé-cul-pa-bi-li-ser, ont là une très belle excuse pour mettre la faute sur les autres. Surtout les ancêtres! Ils sont tous morts! Alors, comment voulez-vous qu'ils reviennent sur terre pour se défendre?

Non! Nous naissons tous le plus banalement du monde: en bramant comme une biche française poursuivie par un berger allemand. Le seul moyen de nous arrêter, c'est de nous donner à boire. Et c'est là qu'on se rend à l'évidence: nous sommes de fieffés gourmands!

Les plus de soixante ans vous rapporteront même que, dans leur temps, ce genre de gourmandise était un péché fort agréable. Pourquoi? Parce que, même si nous vivions avant les Beatles et Elvis Presley, nous en savions

11

tout de même assez long pour constater que notre façon de boire le lait était follement intéressante.

Qu'on pense ce qu'on voudra, avec toutes les inventions modernes, biberons et compagnie, on n'a plus les jolis contenants qu'on avait! Pour tout dire, les poupons d'aujourd'hui sont aussi gourmands de lait que nous l'étions, mais le menu n'est pas présenté de la même façon. Ce qui prouve une fois de plus que la façon de donner vaut mieux que ce qu'on donne.

Plus tard, le jeune enfant se gave de tout ce qui est sucré. On croirait même qu'avec l'aimable complicité de ses parents, le pauvre innocent n'a qu'un seul but dans la vie: se préparer une carrière de diabétique avec grande distinction. Le sucre est une source d'énergie, d'accord. Mais essayez de mettre vingt-quatre onces de sucre dans un sac d'une livre. Que pensez-vous qu'il arrivera? C'est le sac qui crèvera!

Une fois gavé de sucre, l'enfant, devenu plus grand, développe tout à coup le goût du sel. Comme tous les assaisonnements, le sel est un excellent moyen de relever les saveurs fades. Mais manger du sel pour le seul plaisir de manger salé, c'est loin d'être le comble de la jouissance gustative. Il faut avoir pris un bouillon dans l'eau de Floride, à Miami, pour comprendre exactement ce que je veux dire.

Vient alors la fringale des épices et des condiments. Olé! C'est l'Espagne, le Mexique et toute l'Amérique du

Sud qui se ruent à table, pour permettre à vos papilles de jouer le solo des castagnettes.

Les hommes surtout semblent s'imaginer que, pour avoir le coeur enflammé, il faut avoir la bouche en feu. Ils apprennent vite qu'à vouloir danser le flamenco des épices et condiments, la seule chaleur qu'on acquiert se traduit par des brûlures d'estomac.

Si Isabelle de Castille avait prévu le mauvais usage que nous ferions des secrets de la cuisine espagnole, je vous jure qu'elle n'aurait jamais remercié Christophe Colomb d'avoir découvert l'Amérique.

Après avoir épuisé toute la série des faux engouements que nous venons de mentionner, si l'être humain n'a pas déjà atteint l'âge de l'ulcère, il finit par atteindre l'âge de raison. Il a assez souffert des nuits blanches et des «lendemains de la veille» pour accepter l'éternel principe de Curnonsky: «La gastronomie, c'est quand les choses ont le goût de ce qu'elles sont.» Et, à partir de cette cons-tatation, il se range dans le camp des gourmets.

La qualité essentielle du gourmet est de connaître et de reconnaître les saveurs; les apprécier pleinement dans toutes leurs subtilités, et savoir les orchestrer de telle façon que les nourritures terrestres deviennent des plaisirs céles-tes.

Sans l'harmonie des sons, la musique n'aurait jamais existé. De là sont venues l'harmonie des couleurs, l'har-monie du style, l'harmonie des formes et l'harmonie des saveurs. C'est-à-dire la peinture, les belles-lettres, la sculpture et la gastronomie.

Dans chacun de ces arts, il existe des principes de base qu'il est important de connaître. Mais l'expérience demeure encore le meilleur professeur.

Vous pourrez lire tous les livres qui se publient sur les mets et les vins, si vous ne prenez pas la peine et le plaisir de vous asseoir à table pour déguster, observer, analyser et comparer le jeu des saveurs, vous ne pourrez jamais apprécier dans toute sa plénitude et tout son raffinement la douce euphorie d'un excellent repas.

L'art de faire bonne chère peut s'acquérir dans la solitude du foyer, au cours de dîners d'amis, à l'hôtel ou au restaurant, et par le truchement de festins qui sont vraiment dignes de leur définition.

Depuis les premiers jours de la civilisation, en Orient, les hommes ont pris plaisir à se réunir en groupes, pour participer aux joies du bien boire et du bien manger.

Le mot banquet, qui désigne un repas pris en commun, semble venir du fait que les premiers chrétiens, quand ils célébraient les agapes dans les catacombes, s'asseyaient sur des bancs. Aussi avaient-ils le dos rond et les fesses endolories.

À travers l'histoire, les banquets ont eu lieu à l'occasion d'une fête, d'une solennité ou d'une cérémonie. Parfois, également, ces grands dîners étaient un simple prétexte pour réunir des personnes de même profession, de même politique et de même religion. Ou encore des convives qui ont des goûts artistiques, littéraires ou scientifiques de même nature.

Les grands banquets, il faut bien l'avouer, sont rarement des festins qui feraient jouir Lucullus dans sa tombe. Bob Hope avait bien raison de dire : «Depuis cent ans, les poulets et les petits pois verts n'ont jamais raté un seul banquet.» C'est ce qui explique pourquoi les amateurs de bonne chère ont fini par créer les confréries gastronomiques.

Depuis longtemps, dans tous les pays du monde, les personnes qui aiment la bonne chère se devinent, font connaissance, sympathisent et finissent autour d'une bonne table.

Talleyrand l'a dit, d'autres diplomates l'ont répété après lui, pour rapprocher les coeurs et les esprits, il n'y a rien comme un excellent repas. Il est donc logique et naturel que les gens qui partagent des goûts semblables cherchent à se rencontrer le plus souvent possible.

Certains couples ont commencé par se visiter les uns les autres, pour sortir du menu quotidien, connaître de nouveaux plats, ou encore apprécier des mets connus, mais préparés de façon différente. En toute simplicité et sans caractère officiel, ce furent les premiers apôtres de l'ère gastronomique.

Cette nouvelle mode ne tarda pas à se répandre. À tel point qu'en l'an 219 après Jésus-Christ, l'empereur romain Héliogabale inventa les dîners progressifs. Le menu comportait vingt-deux mets, dont chacun était servi à un endroit différent de la ville. Quatre siècles plus tard, en 698, les clubs gastronomiques faisaient rage à Constantinople. Même les esclaves avaient leurs propres confréries.

Déjà, on admettait par anticipation l'un des premiers aphorismes de Brillat-Savarin: «Le plaisir de la table est de tous les âges, de toutes les conditions, de tous les pays et de tous les jours. Il peut s'associer à tous les autres plaisirs et reste le dernier pour nous consoler de leur perte.»

Plusieurs expériences gastronomiques de l'Histoire ne méritent pas ce nom. Il y a une différence notoire entre les plaisirs et les abus de la table.

L'art de faire bonne chère a connu des périodes où des pseudo-gourmets étaient, surtout et avant tout, des disciples de la gloutonnerie la plus honteuse. L'espace nous manque pour raconter en détail les orgies qui ont failli déshonorer à jamais les véritables amants de la bonne table.

Heureusement, chaque fois que la gastronomie fut menacée de disparaître, de nombreux défenseurs se portèrent à sa rescousse, afin de maintenir ses plus pures traditions.

« Pour ne citer qu'un exemple, nous dit Curnonsky, vers le début de ce siècle, l'éminente et millénaire supériorité de la Cuisine française fut menacée par deux fléaux: le snobisme de la cuisine anonyme et cosmopolite qui sévit dans tous les Palaces et Caravansérails de l'Univers, et le goût suranné de cette cuisine compliquée et tarabiscotée qui tend à dissimuler les saveurs et les arômes, et à présenter, sous des noms bizarres et prétentieux, des plats où la chimie se mêle à la prestidigitation.

« Mais tout ce qui n'est pas fondé sur le bon sens et la logique, d'ajouter Curnonsky, ne saurait subsister longtemps chez nous. Les Fines Gueules qui, par bonheur, ont toujours abondé en France, se groupèrent donc en Sociétés, Confréries, Clubs, voire Académies, pour la défense et l'illustration de la vraie cuisine française. C'est ainsi qu'on assista alors à la création d'au moins une cinquantaine de groupes dont le mot d'ordre était: « En cuisine, comme dans tous les arts, la simplicité est le signe de la perfection. »

Qu'on ne se méprenne pas: l'art de bien manger ne constitue pas une science, encore moins un mystère. C'est simplement une règle de sagesse. Si l'on boit et si l'on mange d'une façon logique et raisonnable, on se conforme d'abord aux principes de la gastronomie et, par ricochet, on protège sa santé physique et morale. Finis donc les pilules et le confessionnal!

Heureusement, au cours des quatre siècles de notre histoire, nos ancêtres et nous-mêmes avons conservé jalousement la tradition française de la bonne chère, même si ce n'est pas un article de la Constitution.

Chapitre II

La gourmandise : péché capital ou péché normal ?

De toutes les transgressions de la loi religieuse, les mieux connues s'avèrent définitivement : l'orgueil, l'avarice, la luxure, l'envie, la gourmandise, la colère et la paresse.

Après une « dégustation » de tous ces péchés, les yeux couverts d'un bandeau, un panel d'experts en vient à la conclusion que les deux plus intéressants se révèlent la gourmandise et la luxure. Le plus drôle, c'est que l'un et l'autre se prononcent de la même façon : l'oeuvre de chair et l'oeuvre de chère.

De toute façon, qu'on le veuille ou non, la luxure est une espèce de gourmandise. Mais comme nous ne voulons pas allonger notre propos, nous nous limiterons à la gourmandise que pratiquent toutes celles et tous ceux qui ont le désir excessif de boire et de manger de bonnes choses.

Avant l'intervention de l'Église, le mot gourmand était très respectable. Ceux qui abusaient de la dive bouteille et de la bonne table passaient pour des goulus, des goinfres et des gloutons.

Il serait peut-être bon d'ouvrir ici une parenthèse pour montrer le sens plus ou moins vicieux de chaque mot qui s'abrite sous le parasol de la gloutonnerie. Si vous consultez le *Dictionnaire des Synonymes* de René Bailly, vous serez sans doute *ébahi!* (Excusez-moi, mais un calembour ou deux chasse les bleus!) Voici donc ce que déclare notre expert:

> *glouton*, tout comme vorace, désigne celui qui mange avec excès, qui est insatiable; il présente l'idée d'une avidité constante, d'un vice naturel;
>
> *goulu* s'applique à celui qui se jette sur la nourriture et mange avec une espèce de fureur; il donne plutôt l'idée d'une gloutonnerie accidentelle qui peut se manifester à certains moments, sans être l'état naturel de l'individu;
>
> *goinfre* est familier; il se dit du glouton qui mange d'une façon malpropre et répugnante.

Maintenant que nos pensées de derrière la tête sont passées par devant, si la satisfaction de vos désirs dépasse votre appétit normal, il ne fait aucun doute que la gourmandise, selon votre directeur de conscience, devient « peccamineuse ». Mais encore là, il reste à savoir en quoi consiste exactement « un appétit normal ». Dans son exposé magistral sur la sobriété, Charles de Koninck, doyen de la faculté de philosophie et de théologie de l'Université Laval, nous dit bien clairement:

> « ... quel est donc le juste milieu dans les vertus qui regardent les passions? Prenons le cas de l'absti-

nence — en entendant ici la vertu qui modère les plaisirs qui nous viennent des aliments. Combien un homme doit-il manger pour agir conformément à la droite raison? Ni trop, assurément, ni trop peu. Mais combien est trop, et combien est trop peu? Saint Thomas, à la suite d'Aristote, est très net sur ce point. Il affirme que tout dépend de l'individu et des circonstances. Il ajoute que, d'après Solon, Milon de Crotone, athlète olympique reconnu pour sa force herculéenne, mangeait un boeuf par jour. Peut-on dire que c'était exagéré? Ce n'est pas sûr. Milon gardait peut-être le juste milieu dans le plaisir que lui donnait une portion apparemment si généreuse.»

Chaque fois que je parlerai des gourmands, je partagerai donc la croyance habituelle à ce sujet: je voudrai simplement désigner celui qui aime à manger les bonnes choses, mais manque de sobriété.

«Tout ça, c'est bien beau! me direz-vous. Mais j'ai vraiment cherché partout, y compris en Bosnie-Herzégovine, je n'ai jamais trouvé la nomenclature des bonnes choses. Alors, sur quoi puis-je me baser pour tomber sur la bonne voie?»

Vous avez parfaitement raison: il n'existe aucune liste des bonnes et des mauvaises choses. Vous seul pouvez la dresser, en tenant compte de votre état de santé, de vos goûts personnels et de toutes les boissons et nourritures auxquelles vous êtes réfractaires.

Dans le langage populaire, vous entendrez souvent la phrase suivante : « Moi, je suis allergique aux navets ! » Je mentionne les navets, mais je pourrais aussi bien dire : les concombres, les échalotes, la citrouille, les carottes ou le topinambour. Car chaque personne a son « aversion mignonne ». De là à dire que le fruit, le légume, le poisson ou la viande dont vous n'aimez pas le goût, la forme ou la couleur, vous cause des désordres physiologiques, il n'y a qu'un pas. De fait, le déplaisir et la contrariété agissent invariablement sur votre système et vous causent une espèce de débalancement qui, de façon directe ou indirecte, nuit à votre santé.

Pour en avoir le coeur net, j'ai ouvert mon dictionnaire et, d'une définition à une autre, j'ai eu les trois réponses que voici :

allergie : état de nouvelle réaction de l'organisme créé par toute substance (germe pathogène, aliment, etc.) capable de se comporter comme un antigène ;

antigène : se dit de toute substance (microbe, toxine, albumine, etc.) capable d'engendrer des anticorps ;

anticorps : substance fabriquée par l'organisme en présence d'antigènes (cellules étrangères, toxines, etc.) et qui agglutine et neutralise ces antigènes.

Et voilà pourquoi l'humble mortel se voit toujours mêlé dans ses papiers. Même si Ésope a oublié de le dire, souvent les mots sont la source de tous les maux!

À l'hôpital, dans l'esprit de tout patient qui, para-doxalement, est toujours le plus impatient des êtres, une chose que vous n'aimez pas devient une allergie. Et une allergie, ça vous rend malade!

Il n'est pas nécessaire de faire une enquête jusqu'au jour où nous atteindrons la planète Mars pour savoir que certains aliments se révèlent des ennemis jurés de l'orga-nisme. Les champignons vénéneux, par exemple. Il ne faut donc pas attendre notre entrée à la morgue pour les élimi-ner de notre régime.

Dans plusieurs cas, toutefois, en présence de telle ou telle denrée alimentaire, on se voit tout simplement victi-me des égarements de son imagination. C'est ainsi que plusieurs personnes éprouvent un dédain naturel pour les huîtres. Il leur suffit d'apercevoir ce mollusque gluant pour partir de la coquille. Mais quand on accepte l'idée que nos huîtres se classent parmi les meilleures au monde, il faut absolument faire un effort et y goûter. Peu à peu, on s'y habitue. Et finalement, on en raffole! Surtout si on les accompagne d'un bon muscadet ou d'un bon chablis.

Le cas de l'ail est différent. Du moins en ce qui me concerne. J'ai eu beau chercher à me vendre l'idée que l'ail sert de vermifuge et de fébrifuge: dans mon tube digestif, il fait un vrai grabuge.

Encore là, une distinction s'impose. Je digère assez bien l'ail employé à petite dose pour relever un plat discrètement. Mais si sa quantité masque le moindrement la saveur principale, ce qui est une preuve d'exagération non motivée, j'ai des ennuis et des ennemis pour vingt-quatre heures.

Je n'irai pas jusqu'à faire de l'urticaire, mais j'ai de telles brûlures d'estomac que, même si j'aime à jouer à la gastronomie sous tous ses angles, dans ce cas spécifique, « le jeu ne vaut pas le champ d'ail ».

Le jour où je me suis vu forcé de prendre la décision d'éliminer de mon menu cette plante potagère qui a pourtant de nombreux fanatiques, j'étais au restaurant. De peine et de misère, je tentais de terminer un plat d'escargots qui baignaient dans le beurre à l'ail. Tout à coup, mon voisin d'en face se lève brusquement. Avant de quitter la table, il me dit, « les yeux gonflés » : « Je m'excuse, mon cher, de vous laisser. Je n'ai rien contre vous, mais je ne peux pas vous sentir ! » Sacha Guitry disait, pour sa part : « Quand on a mangé de l'ail, on ne doit parler qu'à la troisième personne. »

L'allergie, comme on le voit, existe réellement. Le malheur veut qu'il ne s'agisse pas toujours d'une substance qui vous déplaît, mais dont les réactions sont susceptibles de nuire à votre organisme. Combien de personnes adorent le concombre et sont incapables de le digérer ? Si elles succombent à la tentation d'en manger quand même, elles deviennent alors coupables de gourmandise, dans tous les sens du mot.

En somme, le vrai gourmand est celui qui aime à boire et à manger tout ce qui lui plaît, à condition que sa santé n'en souffre pas. On ne peut donc pas dire qu'on a affaire à un pécheur, puisqu'on se retrouve devant un homme de goût, parfois porté à l'excès.

Souvent même, il fait de louables efforts pour pouvoir se réclamer de la vertu de tempérance. Ne souriez pas. Car, selon les Anciens, « la tempérance est le meilleur complice de la volupté » ! À ce compte-là, je préfère un vrai gourmand à un faux gourmet. Un instant, joyeux papillons : je vous vois venir. Mais je ne tomberai pas dans le panneau. Je ne vous décrirai pas le faux gourmet, je laisserai ce soin à Prosper Montagné, l'une des gloires de l'art culinaire français.

> « Ce sont les faux gastronomes, nous dit-il, qui croient aux « tours de main », aux secrets transmis de mère en fille, à l'extrême lenteur qui, selon eux, est indispensable à la préparation et à la cuisson, à la nécessité de commander longuement à l'avance pour être bien servi, en un mot, à l'incompatibilité de la bonne cuisine avec les progrès techniques et scientifiques modernes. »

Ah ! je vois. Vous pensiez que le jugement de Montagné serait plus sévère. À vous donc de lire entre les lignes et de prononcer votre propre verdict. On n'est jamais mieux servi que par soi-même.

Chapitre III

Que penser de la gloutonnerie ?

Si le gourmet suit ses principes, le gourmand suit ses caprices. Toutefois, à moins de passer pour des farceurs, ces deux disciples de la bonne chère doivent s'en tenir au mot d'ordre des grands philosophes : « Usons : n'abusons point ! »

Le glouton, lui, descend d'une espèce bien différente. Il vient au monde avec un appétit vorace. Il a faim le matin. Il a faim toute la soirée. Et il se lève même la nuit pour casser la croûte... et manger le reste du pain !

Au cours de mes pérégrinations, j'en ai rencontré de toutes les sortes. Mais, pour ne pas « m'emberlificoter », je les diviserai en trois catégories bien distinctes. La première englobe tous ceux que j'appellerai « les grignoteurs ». Ils ne mangent pas beaucoup à la fois, mais ils n'arrêtent jamais.

Ils engouffrent tout ce qui leur tombe sous la main. Et si, par hasard, ils ne trouvent rien, ils ont toujours dans leurs poches de précieuses réserves : des noix en écales, des pistaches, des caramels, des nougats, des pommes chips, des macarons, des croquignoles, voire même des sucettes et des « Life Savers » que les puristes appelleraient sans doute des « préservatifs de la santé ».

S'ils vont au cinéma, pensez-vous qu'ils se laissent séduire par l'action dramatique ou romantique du film? Jamais de la vie! Le héros a beau aiguiser son appétit sexuel sur les lèvres gourmandes de son amoureuse, le grignoteur continue à vous faire entendre le cric-crac de son sac de pop-corn!

Allez au Stade olympique, au Forum, au Colisée, et vous le retrouverez infailliblement en pleine euphorie de mastication. Et pour exciter son appétit davantage, entre deux grignotages, il s'exerce les mandibules avec ce que nos cousins de France baptisent du « chewing-gum ». D'autres préfèrent ce que nos cousins d'Angleterre appellent des « mickeys ». D'autres enfin opteront pour ce que nos cousins américains qualifient de « soda pops ». Quelle famille!

Évidemment, j'exagère! C'est une espèce de genre de façon de caricaturer la situation. Il n'en reste pas moins vrai que si vous désirez éviter cette atmosphère de pique-nique, il faut aller à des endroits snobs et cossus comme la Place des Arts et le Grand Théâtre de Québec. Là, comme ce sont des temples de la haute couture, tous les specta-teurs sont « bouche-cousue ». Ce qui ne les empêche pas de tousser et de se racler la gorge aux moments les plus palpitants de *l'Enlèvement au sérail* de Mozart.

La seconde catégorie de gloutons est assez particulière. Contrairement aux grignoteurs, ils ne mangent pas n'importe quoi, n'importe où. Ils ont jeté leur dévolu sur un aliment en particulier et, il faut bien le dire, ils n'en démordent pas! Le seul mets qui les intéressera sera, par exemple, *le poulet*. Pourquoi? Pour toutes sortes de motifs aussi sensés les uns que les autres. Tout d'abord, il s'agit de la viande qu'on peut se procurer le plus facilement. En second lieu, son prix est plutôt raisonnable. Surtout si l'on considère qu'il a plusieurs morceaux à vous offrir: un gésier, deux ailes, deux pattes, deux cuisses, deux poitrines et ce que les hommes galants appellent le « morceau des dames ». Situé au-dessus du croupion d'une volaille, il constitue un morceau tellement délicat que les gourmets lui ont toujours donné comme nom le « sot-l'y-laisse »!

Un autre avantage du poulet consiste à pouvoir le faire cuire de cent façons différentes. Il s'achète tout cuit. Il se sert dans la plupart des restaurants et des salles à manger d'hôtel. Bref, il s'avère le mets le moins compliqué qui existe.

Au point de vue digestibilité, comme on dit dans les Antilles: « pas poblème! » Ceci explique la grande popularité de cet oiseau qui n'a pas la faculté de repopulation des lapins, mais dont les parents n'hésitent pas à faire leur devoir en temps opportun. Sauf si le père éventuel est un chapon! Pauvre martyr, va!

Pour revenir à mon glouton dont l'appétit se limite exclusivement au poulet, il en engloutit tellement dans une journée que, s'il vous arrivait une fois de le voir s'empiffrer, vous en auriez la chair de poule!

Ce genre de glouton ne se limite pas nécessairement aux friands de poulet. J'en connais certains qui se bornent à dévorer du boeuf, du veau, de l'agneau, du porc, du fromage ou des poissons. Ils ne mangent pas d'autres choses que leur mets préféré, peu importe le temps, le jour, le mois ou l'année.

Nous tombons finalement sur les vrais gloutons: ceux dont l'estomac doit être aussi ballonné que le Graf Zeppelin. En plus de manger tout ce qui est comestible en abondance et en surabondance, ils ne se laissent jamais arrêter par les « hétérogènes ». Ils avalent tout en même temps, indépendamment de la disparité des grandes saveurs: le salé, le sucré, l'amer, l'acide, et certains ajoutent la saveur piquante.

Vous ne me croyez pas! Vous vous dites: impossible! Vous croyez que je veux vous faire rire? Eh bien! je n'ai jamais été aussi sérieux et, pour vous le prouver, je vais vous citer l'exemple d'un des plus grands noms de l'Histoire: Victor Hugo!

Cet homme extraordinaire, qui compte de nombreux amis, mais plusieurs ennemis, est à la fois un poète, un romancier et, ce que plusieurs oublient, un homme politique.

Je ne m'aventurerai pas à vanter ses talents. Mais, j'ai lu plusieurs de ses poèmes, de ses romans et de ses discours, et, indépendamment de ses détracteurs, je le trouve tout bonnement génial! Par contre, je suis forcé d'avouer que s'il connaissait l'art d'être grand-père, il ignorait tout de l'art de faire bonne chère.

Au restaurant qu'il fréquentait le plus souvent, le *Cabaret de la Mère Saget*, il rencontrait Balzac, Eugène Sue et Alexandre Dumas père, dont les malins discutaient l'origine ethnique. Un beau jour, il confondit un farceur en lui disant: « Mon père était créole, son père était nègre, et le père de mon grand-père était singe. Ma famille semble donc avoir commencé là où la vôtre s'est terminée! »

Victor Hugo, lui, qui avait toujours faim, profitait du bavardage de ses copains pour manger le gigot à lui tout seul. Il trouvait le dindon un animal ridicule. « Il y en a peut-être trop pour un, disait-il, mais il n'y en a pas assez pour deux... »

Selon Théophile Gauthier, Victor Hugo comprenait un repas de la façon suivante: « Il fait dans son assiette le fabuleux mélange de côtelettes, de haricots à l'huile, de boeuf à la sauce tomate, d'omelette, de jambon, de moutarde et de fromage de Brie, qu'il avale indistinctement, très vite. »

Jamais, nous révèle un de ses intimes, il n'épluchait une orange. Il mordait dedans et la mangeait entièrement avec la pelure. Il lui arrivait même, quand l'orange n'était pas trop grosse, de se la mettre dans la bouche tout entière. Espérons qu'à ce moment-là, il n'osait pas parler la bouche pleine!

Il avait un faible pour les homards et les langoustes. Et il les aimait tellement qu'il les dévorait avec leur carapace. En le voyant agir de la sorte, un ami ne put s'empêcher de lui dire: « Mon cher Hugo, vous êtes un cas rapace! »

Tout le monde sait qu'il préférait le pommard, dont on connaît la virilité, la robustesse et la puissance. De sève agréable et de riche bouquet, ce vin-là convenait le mieux à Victor Hugo qui, on l'a répété cent fois, était « une force de la nature ».

Il écrivait, selon Gaston Dérys, trois cents vers d'affilée, et composait ses ouvrages avec une facilité et une profusion qui tiennent du prodige. La manière dont Victor Hugo se nourrissait offre une image de sa puissance verbale. Son appétit pantagruélique, à quoi rien ne résistait, s'apparentait à son génie fabuleux.

Comment un tel bourreau de travail et un tel glouton a-t-il pu vivre jusqu'à l'âge de quatre-vingt-trois ans? C'est un véritable mystère!

En vous parlant des trois grandes familles de gloutons, vous avez sûrement remarqué que je n'ai pas perdu mon encre à les condamner ou à les apprécier.

Je crois chacun le souverain juge de sa propre cause. Ses réactions personnelles ne tarderont pas à lui démontrer si le fait de manger à temps et à contre-temps est vraiment recommandable dans son cas; sinon, il devra

alors s'en remettre aux soins de la médecine et de la diététique. On lui prouvera alors scientifiquement que « la
faim ne justifie pas toujours les moyens » !

Tout cela est bien joli ! Seulement, à force de parler
de manger, je ne sais pas si vous réagissez comme moi,
mais je commence à avoir soif ! Alors, vite ! ouvrons le
chapitre suivant...

Chapitre IV

Est-il plus nécessaire
de boire que de manger?

Il ne faut pas demander aux ivrognes s'il est plus important pour l'organisme de satisfaire sa soif que sa faim. Eh bien! rassurez-vous, chevaliers de la dive bouteille, on a plus besoin de boire que de dormir et de manger. Ce n'est pas moi qui le dis, mais bien la faculté de médecine. Par contre, elle partage l'opinion des premiers docteurs de l'Église: l'ivrognerie est une mauvaise habitude qui rend l'homme semblable à la bête et souvent le fait mourir.

Médicalement parlant, allumez vos projecteurs à pleins kilowatts, car d'autres docteurs vous parlent le langage des abeilles: « Aucune fonction de l'anatomie ne peut s'accomplir, sans que nos organes disposent d'une quantité d'eau suffisante pour assurer l'imbibition des colloïdes organiques et la dissolution des déchets à éliminer. » Ouf! Moi, quand j'ai appris l'importance de l'eau pour la vie des cellules organiques, j'ai failli perdre connaissance. Je ne me voyais pas réduit à boire de l'eau jusqu'à la fin de mes jours.

Heureusement, à force de fouiner, j'ai fini par savoir que l'eau essentielle à notre survivance n'était pas nécessairement l'eau du robinet. De fait, ce liquide que nous trouvons incolore, inodore et plein de chlore se retrouve dans la plupart des aliments et des boissons que nous avalons couramment. Exemple : la proportion d'eau dans le vin équivaut à 70 ou 80 %. Ce n'est pas une bonne nouvelle, ça ?

Il ne faut pas conclure de cette découverte sensationnelle qu'il faut se servir de l'eau d'aqueduc uniquement pour la lessive et pour le bain. Non. Tous les médecins, du moins ceux que j'ai le plaisir de connaître, m'assurent qu'il faut en boire sept verres par jour pour rester en forme. Tous ont oublié de me dire s'il s'agissait de grands verres, de moyens verres ou de miniverres.

Blague à part, j'estime que la meilleure politique à suivre consiste à boire de l'eau uniquement quand on sent le besoin de se désaltérer. Les Arabes prétendent que le lion et le rossignol ont toujours soif. De son côté, Germaine Greer reste convaincue que la soif des hommes égale celle des chameaux. La seule différence réside dans le fait que ce véhicule du désert arrête de boire quand sa citerne est pleine.

Dans le cas des êtres humains, et c'est là le danger, la boisson favorite du plus grand nombre n'est pas l'eau pure. Qu'on l'appelle bière, vin ou spiritueux, voilà autant de liquides agréables à boire, à condition de se laisser guider par sa propre puissance d'absorption.

Les indisciplinés de la soif se défendent de leur faiblesse, en nous disant que notre grand-père Noé, reconnu
pour ses intempérances, est mort à 950 ans. D'autres vous
diront que les grives, dont la chair délicate nous donne des
terrines délicieuses, attendent patiemment la maturité des
raisins pour aller s'enivrer à leurs grappes. D'où d'ailleurs
vient l'expression « soûl comme une grive ».

Malgré ces belles excuses, il ne fait aucun doute que,
pour parodier Rabelais, « l'abus ne fait pas le moine ».
C'est lui, le bon curé de Meudon, qui disait par ailleurs:
« Si l'appétit vient en mangeant, la soif s'en va en bu-
vant. » Il aurait pu vraiment ajouter que, parfois, elle s'en
va très loin et très tard.

Malgré toutes les railleries écrites par les humoristes
français sur l'eau, il faut fréquenter les restaurants de
Paris et de province pour constater jusqu'à quel point
l'eau minérale jouit en France d'une grande popularité.
D'accord, on ne vous sert pas automatiquement un verre
d'eau glacée au début du repas, comme en Amérique.
Mais une fois que vous avez choisi votre vin, on s'empresse de vous demander si vous désirez de l'eau. Et, la plupart du temps, au lieu de dire *non*, comme la chaste
Suzanne aux trois vieillards, vous dites *oui*, comme
la nouvelle épouse, le premier soir de sa lune de miel.
Dans le temps de dire H^2O, la bouteille choisie se retrouve
d'abord sur la table, et ensuite sur l'addition. Comme aurait dit le maréchal Pétain: « Veni, Vidi, Vichy! »

Qu'on le veuille ou non, l'eau potable nous est donc
imposée par la nature, la médecine et la foule en délire.

Certains pays et certaines religions vont même jusqu'à vous y contraindre, en vous défendant férocement l'usage de toute boisson alcoolique. Les Américains, pour leur part, ont eu le malheur de connaître cette prohibition honteuse, de 1919 à 1933. Jamais dans l'histoire des peuples une telle expérience ne s'avéra plus concluante. Pendant ces quatorze années, l'Amérique passa tristement par toutes les couleurs de l'arc-en-fiel. Les apôtres de la tempérance constatèrent donc leur échec avec beaucoup d'amertume.

Malgré son apparente sévérité, la loi fut violée sous toutes ses formes. Elle donna naissance à la contrebande, à la boisson frelatée, aux débits clandestins, aux combats meurtriers de la mafia et à tous les crimes imaginables. Devant cette faillite complète, le nouveau président américain, Franklin Delano Roosevelt, faisait donc abolir la prohibition, le 5 décembre 1933.

Toutefois, ce n'était là qu'une victoire de principe. De fait, chaque État américain devenait libre de légiférer, pour permettre, pour restreindre ou pour défendre la vente et la consommation des boissons alcooliques sur son territoire.

Évidemment, la réglementation locale peut toujours s'améliorer d'année en année, mais la mentalité puritaine des sociétés antialcooliques continue à triompher en plusieurs milieux.

On critique facilement les Américains. Est-ce à cause de leur importance? de leur richesse? de leur cinéma? de leur train de vie? de leur débrouillardise? ou de leur conquête de l'espace? On oublie trop souvent qu'on leur doit environ 200 des 300 plus grandes inventions du monde. Et je ne parle pas des « go-go girls », car le mot est américain, mais la découverte est française.

À lui seul, le peuple américain a le plus contribué au véritable progrès moderne. Entre vous et moi et le Pentagone, aurions-nous eu l'invention, le perfectionnement ou l'évolution rapide de l'avion, du cinéma, des ordinateurs, de la télévision, de l'automobile et de l'électricité sans les Américains?

Comment alors reprocher aux États-Unis leur vague de prohibition, quand on sait que durant la même période, la stupide défense de lever le coude en tout bien, tout honneur, existait en Australie, en Finlande, en Norvège, en Islande et même au Canada. Sauf au Québec où, en 1921, le gouvernement Taschereau approuvait ce qu'on appelait alors la « Loi des liqueurs alcooliques ». Le plus drôle de l'histoire, c'est que ce premier pas en Amérique du Nord devait être suivi par plusieurs provinces canadiennes et par de nombreux États américains, au cours des années subséquentes. Mais, encore aujourd'hui, même si notre continent n'a pas de problèmes de continence, il souffre à plusieurs endroits du complexe de la tempérance.

Selon la sémantique, le mot tempérance est synonyme de sobriété. Sobre ou tempérant, vous mangez ou buvez avec modération. Comportement dont je suis heureux de vous féliciter. Continuez ainsi, mon cher monsieur, et vous recevrez votre pension de vieillesse pendant plusieurs années. Quant à vous, madame, je sais que vous êtes maîtresse de la situation : vous aimez mieux garder votre beauté que de perdre la tête.

Mais attention ! Si je parle du « complexe de la tempérance », ce mot prend alors une tout autre signification. De fait, le plus petit des plus petits dictionnaires vous dira qu'une société de tempérance est une association pour combattre l'usage de l'alcool. Ce n'est plus du pareil au même ! Et, le plus déprimant, c'est que nombreux sont ces groupes d'empêcheurs-de-boire-en-rond au pays de la liberté. Je sais, il y a des trouble-fête dans tous les pays. Mais, comme le dit si bien le proverbe latin : *Corruptio optimi pessima !* Les péchés les plus graves deviennent ceux des personnes les plus importantes, car leur mauvais exemple est toujours le plus corrupteur.

Combattre l'usage de l'alcool ne constitue pas une mince affaire. Pensez-y trente-trois secondes. Cela signifie que vous ne devez jamais plus toucher au vin, à la bière et aux spiritueux. Moi, mes amies, mes amis, j'aimerais mieux mourir ! Et je ne suis pas le seul. Tous ceux qui se montrent réfractaires à l'eau n'auraient pas le choix ! Ils finiraient par mourir de soif !

Ici, vous pourriez peut-être me soulever le triste cas de ceux qui meurent d'alcoolisme, parce qu'ils ont bu à tort et à trop-verres. Ça, évidemment, c'est une autre chanson. Si l'alcool ruine votre santé, il n'y a pas de demi-mesure: il faut dire adieu à toutes les boissons alcoolisées, sans aucune exception. Malheureusement, je le regrette pour vous. Mais, pour citer Schopenhauer: « Un mendiant bien portant est plus heureux qu'un roi malade.» Cette perle de sagesse rejoint le joli proverbe breton: « Qui est maître de sa soif est maître de sa santé.»

En somme, il faut conduire sa soif comme une automobile. Si on sait la contrôler, elle se révèle d'une grande utilité; mais si on en perd la maîtrise, attention au ravin ou au précipice.

Dans le cas de l'eau, même si on a l'habitude de s'en moquer, il faut en boire suffisamment pour éviter la déshydratation. Pour ce qui est de la quantité, elle variera avec chaque individu. Il devient évident que l'obèse qui perd beaucoup d'eau par transpiration, à Miami, doit en boire beaucoup plus que le maigrichon qui grelotte, en Alaska. L'alcoolique anonyme ou le simple abstème auront, eux aussi, beaucoup plus soif d'eau que les buveurs de boissons alcoolisées. Winston Churchill, un membre actif de ce dernier groupe, disait à qui voulait l'entendre: « Le secret de ma vitalité, c'est que je n'ai dans le sang que des globules rouges; l'alcool a tué depuis longtemps tous les globules blancs. »

Plusieurs puritains et puritaines se plaignent du fait qu'en littérature on traite toujours les ivrognes avec beaucoup d'égards. On les trouve drôles. On leur prête des réparties amusantes. On leur pardonne leurs maladresses. Bref, on les trouve fort sympathiques. « C'est une vraie honte!» nous dira M. Collet-Monté. «Ces pauvres malheureux devraient être ridiculisés.» Mais non, mon cher ami. Vous avez tort. Vous dites «ces pauvres malheureux». Rien de plus faux. Tous les poivrots du monde sont heureux comme des poissons dans l'eau. Ce qui explique pourquoi les écrivains les trouvent agréables et ne perdent pas leur temps à les fustiger.

N'allez pas croire toutefois que j'approuve d'emblée tous ceux qui présentent un état d'ivresse avancée. Parfois «ivres de joie», ils sont souvent encombrants et rébarbatifs. Qu'ils ne comptent donc pas sur moi pour les citer en exemple. Il peut arriver au «juste» qui pèche sept fois par jour de tomber parfois dans les vignes du Seigneur. C'est excusable. À condition toutefois de ne pas devenir une habitude, car alors, comme dirait Jean-Louis Gagnon: «C'est la fin des haricots.»

En définitive, la soif constitue un besoin de la nature et il faut l'assouvir. Mais vous seul pouvez déterminer les tabous et les exigences de votre organisme. Alors, si vous violez les règles du jeu, saint Pierre, l'arbitre suprême, vous infligera une punition de mauvaise conduite. Vous savez ce que je veux dire? Il vous condamnera à l'eau pour l'éternité.

Chapitre V

La gastronomie
est accessible à tous

Avant *Hiroshima, mon amour,* le mot gastronomie faisait peur. Peu à peu, des confréries ont vu le jour, des cours se sont donnés, des conférenciers ont abordé le sujet, et l'on s'est mis à en parler dc gauche à droite. Mais plutôt à droite.

Pour les non-initiés, ce domaine se trouvait difficile d'accès. À moins d'être riche comme un pétrolier ou un joueur de golf. Et pourtant, la gastronomie ne constitue pas un mystère. Demandez au « gros Larousse » et au « petit Robert », et ils vous répondront tous en chœur : « La gastronomie, c'est l'art de faire bonne chère », c'est-à-dire « l'art de bien boire et de bien manger ». Semblable au Bourgeois Gentilhomme, je me suis donc aperçu un jour que je faisais de la gastronomie sans le savoir. C'est probablement d'ailleurs votre cas. Car autrement, vous auriez cessé de me lire dès le premier chapitre.

Tous vos parents, tous vos amis et toutes vos relations savent en principe ce que veut dire l'expression « bien boire et bien manger ». Mais ils se demandent comment ces deux gestes quotidiens peuvent devenir un art. Moi, pour ma part, j'en conviens, je l'avoue, cela m'intimidait. Pourquoi? Parce que la seule fois que j'ai tenu un pinceau, j'avais à peindre un poteau de clôture. Et le seul instrument de musique qu'il me fut donné de pratiquer, c'est l'harmonica, appelé communément « ruine-babines ». Alors, vous vous rendez compte. Comme artiste, je n'atteins même pas le calibre « pee-wee ».

Avant ma conversion, comme saint Augustin junior, je menais une vie alimentaire orageuse. Je ne comprenais vraiment pas comment le simple fait de boire et de manger pouvait devenir un art. Je finis par me décider de faire appel aux lumières des grands auteurs en la matière. Mais, vrai comme vous êtes là, plusieurs d'entre eux se faisaient un malin plaisir de compliquer les choses. Têtu comme les cardinaux, pas ceux de Saint-Louis, Missouri, mais ceux de Rome, j'étais contre l'avortement de mes recherches, quand j'eus le bonheur de tomber sur une explication à la fois simple et intelligente. Je la dois à la plume d'un excellent ami: Raymond Oliver. Son *Grand Véfour*, à Paris, a régalé tous les plus célèbres gourmets du monde et, grâce à ses causeries culinaires, à la télévision, il a ravi toute la France pendant plusieurs années.

Pour en venir à cette fameuse déclaration, la voici:

« Le terme de gastronomie prend de jour en jour un sens plus vaste et plus riche. Il éveille des échos de finesse et de goût, l'art de composition et, surtout, de tendresse: tendresse pour soi-même, que l'on exerce au discernement de plaisirs très fins; et tendresse pour autrui, parce que le gastronome devient très vite un hôte affable et un initiateur indulgent. »

En somme, la gastronomie peut devenir l'affaire de tous ceux qui règlent leur alimentation sur le bon goût, le respect des saveurs et la logique. Mais prenez garde. Vous lisez couramment et vous avez l'impression que lire est l'enfance de l'art. Les statistiques nous disent toutefois que les illettrés, c'est-à-dire ceux et celles qui ne savent ni lire ni écrire, se comptent par millions à travers le monde. Chez nous seulement, on ne s'en rend pas compte dans la vie de tous les jours, mais ceux qui ignorent l'*abc* jusqu'à *xyz* existent par milliers et par milliers. Et ce phénomène ne s'explique pas par des problèmes de vision ou d'autres troubles de santé, mais par l'oubli ou le refus d'apprentissage.

Par voie de comparaison, tous les adeptes du « fast food » ressemblent au célibataire endurci: ils ne veulent pas « en savoir davantage ». Ils croient mordicus que manger consiste purement en une fonction physiologique. Pour eux, le fait de se nourrir est un esclavage, une perte de temps et un épuisement pour les mâchoires. N'essayez donc pas de les attabler pour faire face à un excellent dîner de sept services: hors-d'oeuvre, potage, poisson, viande, salade, fromage et dessert. Et pourtant...

J'en ai connu plusieurs qui ne manifestaient aucun intérêt pour la bonne chère et qui, un beau jour, par le jeu des circonstances, se virent forcés de s'asseoir devant une série de bons plats. Au début, il ne faut pas se le cacher, ils mangèrent à contrecoeur. Mais, peu à peu, leurs papilles devinrent plus curieuses, elles sortirent de leur torpeur et se laissèrent prendre au jeu. Ce fut le coup de foudre. Et depuis, sans se lancer quotidiennement dans des repas de plusieurs couverts, ils cherchent le plus souvent possible à manger une cuisine plus raffinée. On n'a d'ailleurs qu'à lire les grands auteurs, comme Claude Terrail de la *Tour d'Argent*, le plus populaire de tous les restaurateurs de la planète, pour comprendre le rôle important que l'alimentation peut jouer dans l'existence de chaque être humain. Le but de tous les experts en art culinaire vise à convaincre le grand public qu'on « ne vit pas que de ce que l'on mange, mais de ce que l'on digère ».

À la lecture de leurs savants propos, on en vient vite à la conclusion que la gastronomie représente une activité humaine qui fait appel non seulement à la sensualité, mais à l'intelligence. C'est pourquoi le mariage des mets et des vins devient un art véritable, contrairement à celui entre les humains. Pas étonnant d'ailleurs qu'il conduise si souvent au divorce. Ce qui m'amuse, c'est qu'il y a déjà deux siècles, Jean-François Guichard disait que le divorce « c'est le sacrement de l'adultère ».

Au départ, ne nous racontons pas de roman, la gastronomie est l'art de plaire à tous les sens. *L'odorat* commence le bal, en nous permettant de déceler le fumet des aliments et le bouquet des boissons. *La vue* nous laisse apprécier l'harmonie des teintes, des nuances et des couleurs. Grâce à *l'ouïe*, nous percevons le tintement du cristal d'un beau verre, quand on trinque, le bruit jovial des ustensiles contre la finesse de la porcelaine et la musique enjouée des rires et des conversations. *Le toucher* a pour conspirateur les lèvres, les dents ainsi que les papilles. Et *le goût* finit par prononcer le jugement de dernière instance. À ce moment-là, selon les mots du poète, nous avons l'impression d'être couronnés de thym et de marjolaine et, comme les elfes joyeux, de danser dans la plaine.

C'est bien beau tout ça, me diront les enthousiastes et les frénétiques, mais pour jouer cette *Symphonie des Cinq Sens*, comment doit-on procéder? Réponse: tout simplement en suivant religieusement les règles de l'art. Malheureusement, elles ne sont pas codifiées comme les dix commandements de Dieu. Il faut donc avoir lu *La Physiologie du Goût* de Brillat-Savarin, les précieux conseils de Curnonsky et les directives des grands gastrologues tels que Simon Arbellot, Courtine, Andrieux, Fernand Point, Paul Bocuse, Joseph Donon, Escoffier et Prosper Montagné pour finir par comprendre les subtilités de l'art de faire bonne chère.

Pour jouir pleinement de toute la délicatesse et de tout le raffinement d'un bon repas, on nous conseille de tenir compte des principes suivants, que j'ai recueillis au hasard de mes lectures et à la faveur de mes expériences personnelles:

    ... l'assaisonnement, les sauces et les garnitures doivent concourir à mettre l'élément principal en valeur, en évitant scrupuleusement d'en atténuer la saveur;

... il faut éviter de mettre au menu des mets qui se font concurrence en valeur calorique ou alimentaire;

... il ne faut jamais passer indifféremment du bouillant au glacé. Non seulement le froid voile le palais, mais c'est également mauvais pour l'oesophage et l'estomac. La fantaisie de servir un sorbet, un spoom ou un granité au milieu du repas n'est donc pas souhaitable;

... les fruits doux doivent être servis uniquement au dessert, sauf si le mode de cuisson leur permet de faire fonction de légumes;

... on ne doit offrir qu'un fromage à la fois, pour le savourer dans toute sa plénitude. À plus forte raison, on ne doit pas lui adjoindre des pommes ou des raisins s'il s'accompagne d'un bon vin. N'oublions jamais le mot de Grimod de la Reynière à propos du raisin: « Je n'ai pas l'habitude de prendre mon vin en pilules! »

... l'harmonie des mets et des boissons, même si elle ne doit pas être d'une extrême rigueur, doit tenir compte de la compatibilité des saveurs. Après tout, on n'écoute jamais en même temps Vladimir Horovitz et Oscar Peterson;

... les légumes verts, quand ils sont crus, les vinaigrettes, les aliments marinés au vinaigre et tous les plats de même nature ne font pas bon ménage avec le vin;

... la gradation des mets et des vins doit être telle que

celui qu'on mange ou qu'on boit ne nous fasse pas regretter le précédent;

... l'assiette ne doit jamais déborder et la disposition de ses divers éléments doit concourir à «rincer l'oeil», car la vue joue un rôle primordial dans l'appréciation des mets;

... on ne doit pas abuser des légumes comme garnitures; la multiplication des saveurs dans une même assiette équivaut parfois à la cacophonie en musique;

... après le fromage ou le dessert, à moins de vouloir vous préparer à faire face aux feux de l'enfer, ne vous hâtez pas de boire un café brûlant, « pour faire passer tout cela ». Le café ne doit pas se prendre trop rapidement après la fin du repas. Autrement, votre digestion en souffrira.

Toutes ces directives sont loin de plaire à monsieur et à madame Toulmonde. Ces honorables personnes qui préfèrent observer la loi du caprice et du moindre effort refusent carrément de se laisser « encarcanner » par ces principes formalistes. Je regrette, mais les vrais gourmets, ceux qui ne se prennent pas pour d'autres, mènent une vie très agréable et sont de joyeux buveurs, d'heureux mangeurs et de vrais bons vivants.

Sans vouloir mourir deux fois centenaire, si vous caressez l'ambition de vivre au moins 150 années, vous n'avez qu'à surveiller votre façon de boire et de manger. N'allez pas croire par là que nous vous conseillons de vivre en ermite. Nous vous suggérons simplement d'éviter les abus et de vivre selon les appétences de votre nature. Mais, comme disait ma tante Hortense : « Il ne faut pas confondre appétence et concupiscence ! »

Chapitre VI

La science ne boude pas l'art de faire bonne chère

Dans un vieux Quillet de ma grand-mère, on disait textuellement : « La diététique est la branche de l'hygiène qui traite des aliments. » Ce renseignement me paraît aussi brillant que si vous m'appreniez que le Mont-Royal est une montagne. Il faut dire qu'à cette époque, vers les 1930, où je sortais à peine des fonts baptismaux, la diététique n'en menait pas large. Le père Quillet non plus. Il parlait toujours d'une branche de telle science, d'une branche de tel groupe ou d'une branche de telle catégorie. Franchement, si j'avais eu le plaisir de le rencontrer à ce moment-là, je lui aurais dit : « Bonjour, vieille branche ! »

Heureusement, depuis, tout a évolué pour le mieux. On se trouve donc en mesure de nous dire aujourd'hui : « La diététique est une science ayant pour objet l'étude de la valeur alimentaire des denrées et celle des maladies entraînées par la mauvaise nutrition, ainsi que la détermination des rations convenant aux diverses catégories de consommateurs. »

À la suite de cette définition aussi claire que les yeux de Catherine Deneuve, les agents provocateurs, dont la plus grande jouissance consiste à mettre des bâtons dans les roues, s'empresseront de vous dire que la diététique combat vicieusement la gastronomie; la déracine; la culbute; la disloque; l'élimine; l'anéantit; l'oblitère; l'infirme; l'invalide; la renverse; bref, la ramène à rien du tout.

Je regrette, mais ces rusés compères se mettent un doigt dans l'oeil jusqu'à l'apophyse zygomatique. Si l'on part du principe que le gourmet a une prédilection particulière pour les mets fins et préfère toujours la qualité à la quantité, on ne peut vraiment pas dire que la diététique soit son ennemi juré.

Lors de mes causeries sur ce sujet, plusieurs de mes auditeurs parurent surpris du rapprochement que je faisais entre la diététique et la gastronomie. On est toujours porté à croire qu'un régime de santé doive exclure automatiquement le plaisir de savourer les bons mets et les bons vins.

Or, j'ai été ravi de constater qu'on me donnait raison sur toute la ligne, dans un vieux numéro de *Jours de France*. C'est le cas de dire que les vieux numéros finissent toujours par se rencontrer. Le docteur Soubiran écrivait en effet:

« Les médecins s'occuperaient moins de l'estomac de leurs patients si ceux-ci voulaient bien respecter les plus élémentaires des lois de la gastronomie, prendre leur repas dans le confort physique et moral, à des heures régulières, et composer ces repas avec un minimum de logique. Il est simplement stupide d'accumuler des matières grasses à un seul repas, sous prétexte qu'on n'a rien mangé d'autre de la journée. »

Il se révèle assez facile d'aimer les bonnes choses. Tous les Casanova peuvent en témoigner. Il est beaucoup plus difficile, comme l'enseigne le docteur Soubiran, de les aimer de façon logique et ordonnée. C'est là qu'intervient le sens critique, prôné par tous les experts en diététique. Sans lui, impossible d'apprécier les bons plats et les bonnes bouteilles de façon judicieuse. Si vous mangez n'importe quoi, n'importe où et n'importe comment, la médecine, la diététique et la gastronomie refuseront de vous approuver.

Ici, je m'arrête. Malgré toutes les gorges chaudes que l'on fait contre les propagateurs du « fast food », qui, derrière leurs milliards, s'en balancent éperdument, je suis forcé d'admettre que manger un sandwich n'est pas anti-gastronomique. Sauf si le pain et les éléments qui le composent manquent de fraîcheur, s'avèrent indigestes et sont tellement moutardés que vous avez l'impression de manger toute la ville de Dijon et sa banlieue. N'oublions pas d'ailleurs que Lord Sandwich, qui a lancé cette mode alimentaire dans le seul but de ne pas avoir à quitter sa table de jeu, n'aurait jamais permis qu'on lui serve des ingrédients de seconde qualité et de troisième fraîcheur.

J'ai eu le plaisir de m'adresser trois fois à la Corporation des diététistes et, chaque fois, je fus heureux de constater que nous étions sur la même longueur d'ondes. Sauf peut-être au sujet du mot « diététiste ». Tous les auteurs, « glossateurs », compilateurs, « lexicolateurs » et « dictionnateurs » de France disent ou écrivent couramment « diététicien, diététicienne ». Chez nous, on aime probablement mieux que ce mot important rime avec artiste qu'avec magicien, magicienne.

Le fait est que toutes les diététistes que je connais sont des femmes, aussi compétentes que charmantes, et elles ne considèrent pas la diététique comme de la magie. Leur art est loin de chercher à produire des effets contraires aux lois naturelles, mais simplement de maintenir ou d'améliorer la santé de leurs patients.

Comme j'admire beaucoup leur vocation et leur travail, je me rangerai donc de leur côté, je m'excuserai auprès de mes amis français, et je mentionnerai toujours ces honorables personnes sous le nom de « diététistes ».

Cet aparté nous amène à étudier l'importance primordiale de leur rôle au sein de toutes les classes de la société. Un des derniers sondages Gallup nous apprend que les Canadiens qui cherchent à diminuer leur poids se chiffrent à cinq millions. Si l'on ajoute à ce nombre tous ceux qui se sentent bien dans leur peau, même s'ils sont à la veille d'éclater, cette constatation nous permet de conclure que les diététistes ont du pain sur la planche.

Tout à côté de ces honorables sauveurs et salvatrices de l'humanité corpulente, on retrouve les nutritionnistes. Pour vous éviter de retourner en salière comme la femme de Loth, le dictionnaire s'empresse de nous dire que, sauf aux États-Unis, il s'agit là de médecins spécialistes de l'alimentation.

À première vue, la nutrition vous semble peut-être aussi simple que l'oeuf de Christophe Colomb qu'il eut l'astuce d'aplatir sur sa pointe, pour le faire tenir «debout». Tout comme disait ce cher Christophe: «C'est comme la découverte de l'Amérique, il fallait y songer!»

Ah! vous le saviez? J'aurais dû me douter que mes lecteurs n'étaient pas des «n'importe qui». Mais même si vous savez en quoi consiste la nutrition, il importe de se rappeler qu'il s'agit de «l'ensemble des fonctions organiques de transformation et d'utilisation des aliments, en vue de la croissance et de l'activité d'un être vivant, telles que la digestion, l'absorption, l'assimilation, l'excrétion, la respiration ou la circulation».

En tamisant... non! non! je n'ai pas dit «en t'amusant»..., en tamisant cette définition, on reste surpris que le seul fait de manger puisse entraîner tant de résultats fâcheux sur la santé. Nous nous étonnons que, malgré les progrès formidables de la médecine depuis Hippocrate, les humains continuent à mourir comme des mouches. On n'a qu'à ouvrir la page des décès, dans son journal quotidien, pour constater que plusieurs personnes qui jouissaient apparemment d'une excellente santé lèvent facilement les pattes, comme si la terre était une immense pelure de banane.

À qui la faute? Les enfants blâment les parents. Les maris golfeurs diront que le monde moderne taxe leur résistance. Les femmes frileuses, emmitouflées dans leur chinchilla, se plaindront avec Gilles Vigneault que « notre pays, ce n'est pas un pays, c'est l'hiver ». Les non-fumeurs nous diront: « Blague à part, les cigares et les cigarettes se trouvent responsables de tous nos maux. » Quant aux disciples de la tempérance, ils accuseront la bière, le vin et les alcools de raccourcir leurs jours, ce qui semble normal, car ils n'ont jamais eu de « cuite » dans les idées.

En réponse à tous ces bobards, un spécialiste en nutrition de réputation internationale, le docteur Ancel Keys, écrivait en 1959 un livre qui a fait sensation. Il a pour titre: *Eat Well and Stay Well.*

Écrit en collaboration avec sa femme, une biochimiste, il traite longuement de la diète et de la santé, des aliments et de la cuisson, et il suggère d'excellentes recettes qui tiennent compte des principes déjà énoncés.

Loin de nous la pensée d'entreprendre l'analyse de cet intéressant volume. Nous n'avons ni le temps, ni l'espace, ni les connaissances scientifiques pour en juger les bons ou les mauvais côtés. Tout ce qui nous intéresse pour le moment — nous parlerons au pluriel, parce que cette astuce grammaticale donne à nos opinions la force de frappe de l'infaillibilité papale — , c'est de souligner la philosophie qui se dégage de *Eat Well and Stay Well*.

Tout d'abord, le titre dit tout. Contrairement à plusieurs livres qui nous annoncent un « strip-tease » et qui ne déshabillent rien du tout, celui-là met complètement à nu les grandes vérités et les grandes faussetés concernant l'art culinaire et la science de la nutrition. Sa principale contribution consiste à nous mettre en garde contre l'opinion trop généralement admise que les maladies du coeur sont surtout causées par la tension, les problèmes quotidiens, le surmenage et le surcroît de responsabilités.

Selon le docteur Keys et la compagne de ses jours et de ses nuits, si votre coeur culbute avant le temps, accusez-en principalement les aliments trop riches et l'abus des matières grasses. Il pourrait mentionner également la goinfrerie.

Les deux auteurs ne fulminent pas contre les boissons alcooliques, le tabac, les sports, l'amour et la gastronomie — tous ces plaisirs célestes qui font de notre planète un paradis terrestre — , mais ils nous recommandent fortement, comme les « Sept Sages de la Graisse », d'en user, et non d'en abuser. Si tous les êtres humains suivaient à la lettre ce conseil vieux comme le monde, la terre serait peuplée de Mathusalem. Nos barbus d'aujourd'hui n'auraient donc rien d'original, puisque cette nouvelle mode aurait de la barbe.

Le seul problème, c'est que, pour parler comme nos anciens prédicateurs, nos frères et nos soeurs succombent facilement à la tentation. Laissés seuls à eux-mêmes, ils oublient rapidement leurs bonnes résolutions et tombent d'une façon scandaleuse dans le péché de gourmandise.

Les vedettes américaines de la télévision, du cinéma, de la scène et du sport qui tiennent à conserver leur ligne, tout en maintenant leur résistance physique, doivent donc recourir à une espèce de directeur de conscience pour les garder constamment dans le droit chemin. Après s'être fiées aux conseils de leur psychiatre, de leur astrologue ou de leur masseur, elles ont découvert récemment un nouveau gourou, en la personne d'un diététiste ou d'un nutritionniste. Aux États-Unis, nous dit-on, on compte actuellement 35 000 diététistes diplômés qui sont tous considérés comme nutritionnistes. Par contre, n'importe qui peut s'arroger le titre de nutritionniste, ce qui brouille les cartes de singulière façon. Le plus grave de cette situation ambiguë, c'est que certains nutritionnistes sont de véritables charlatans. Ils vous proposent des régimes alimentaires abracadabrants, tels que pervertir un bon mets en l'accompagnant de garnitures sucrées quand il est arrosé par un excellent vin sec. Quant aux diètes qu'ils vous suggèrent, elles vous font tellement maigrir que si vous portiez un costume vert, vous auriez l'air d'un *zucchini*.

Méfiez-vous donc des imposteurs et ne vous laissez pas berner par toutes les cures d'amaigrissement qu'on annonce à tort et à travers comme miraculeuses. Rappelez-vous toujours que votre santé est votre plus précieuse richesse. Si vous la dilapidez, par insouciance ou par négligence, quand la maladie vous présentera l'addition, vous aurez les mains vides.

Chapitre VII

Le rire à table

Même si les journaux regorgent de violence, je dirais que 99 % de la population est contre toutes les armes, à partir du rouleau à pâte jusqu'au pic à glace. Regardez autour de vous. Posez des questions. Sondez les reins et les consciences. Et, une fois votre enquête terminée, vous vous verrez forcés de me dire : tous mes parents, tous mes amis, toutes mes relations sont doux comme des agneaux. Moi-même, fier de le proclamer, j'éprouve une telle aversion pour la violence que, si j'apprenais que mon frère est violent, je le battrais.

Le seul malheur, c'est que les psychiatres, les psychologues, les psychanalystes et les psycholinguistes, bref, tous les « psy » du monde, ont élargi la signification du mot violence au supermaximum. Maintenant, toute personne, tout animal et tout objet, contondant ou pétaradant, ayant le malheur de vous taper sur les nerfs ou ailleurs se révèlent des germes de violence.

Comme il faut vivre avec son siècle et son entourage, nous sommes donc forcés d'accepter cette nouvelle définition et toutes ses composantes. D'ailleurs, à bien y penser, tout ce qui nous empoisonne l'existence constitue une cause de stress, une exaspération mentale et un viol de votre personnalité. Pardon! ma tante Irma. Je n'ai pas dit « un viol de votre personne alitée », car mes remarques s'adressent également aux moins de 18 ans. Or, si nous incluons toutes les tuiles qui peuvent nous tomber sur la tête et celles que nous échappons sur l'occiput des autres, nous ne sommes peut-être pas aussi agnelets que je le disais plus tôt.

C'est pourquoi, par exemple, toutes les confréries gastronomiques ne tolèrent aucunement pendant leurs manifestations que leurs membres s'engagent dans des polémiques, discutent de race, de politique ou de religion et se lancent dans toute conversation qui peut dégénérer en querelles, en débats acrimonieux, voire même en brasse-camarades.

La raison est bien simple. C'est qu'il s'agit là de rencontres amicales où l'on fait honneur à tout ce qui est bon à boire ou à manger. Pour apprécier pleinement chacun des éléments du menu, il faut donc baigner dans une atmosphère agréable où tout le monde respire à pleins poumons la joie de vivre. De plus, comment voulez-vous que votre appareil digestif soit en mesure d'assimiler toutes les bonnes choses qu'on lui offre, si votre système nerveux se trouve tout à l'envers, parce qu'on vous a fait monter la moutarde au nez pendant que vous dégustiez une mayonnaise?

Cette politique de non-violence, les gourmets la respectent depuis toujours, et ce sans avoir convoqué une réunion au sommet à Camp David, avec tous les Goliath de la bonne chère. Ils ont tous eu la sagesse de comprendre que s'échauffer la bile ne peut maintenir le foie en bon état.

Plusieurs de ces « bonnes fourchettes » vont même plus loin. Ils cherchent par tous les moyens possibles à cultiver la bonne humeur par son artisan le plus sûr: le bon vieux rire.

Si l'on s'en tient à sa définition technique, le rire est tout simplement la contraction spasmodique du diaphragme. Quand on sait qu'il s'agit là d'un muscle qui sépare la poitrine de l'abdomen, et qu'il intervient également chaque fois qu'on tousse, qu'on a le hoquet et qu'on éternue, c'est à vous faire mourir de rire. Heureusement, en plus de chatouiller le diaphragme, le rire a le don de dilater la rate. De là à dire que la vésicule biliaire s'en tord les côtes, il n'y a qu'un pas: celui de conclure que l'organisme se réjouit tellement de ce comportement qu'il se paye une pinte de bon sang.

Tout cela revient à dire que l'esprit et l'humour doivent jouer un rôle primordial en gastronomie. Tous ceux qui aiment les bons mets, les bons vins et les bonnes bières vous diront que tous ces plaisirs divins font un excellent ménage avec la jovialité. De fait, un gastronome ne serait pas un gastronome, s'il était sérieux et solennel comme la statue de la Liberté. Surtout s'il avait toujours le bras en l'air. Car, comment ferait-il pour vider son verre?

On n'a qu'à lire les nombreux ouvrages de Curnonsky, pour se rendre compte qu'il était un joyeux luron. L'Académie de l'Humour français, dont il faisait partie, se trouvait tellement convaincue de cette vérité qu'elle a publié un *Dictionnaire humoristique de la Gastronomie*. Pour votre édification personnelle, voici quelques échantillons pondus par ces joyeux académiciens:

l'abaisse est une bonne pâte qui se fait rouler;

l'appétit est le commencement de la faim;

l'asperge est un poireau parvenu;

l'avocat est une variété de poires, et une profession qui les cultive toutes.

Voici quelques exemples retracés à la lettre *A*, parmi plusieurs autres. Comme l'alphabet, me dit-on, en contient exactement vingt-six, c'est vous avouer que, dans cette litanie spirituelle, il y en a des vertes et des pas mûres.

Pour revenir à Curnonsky, vous avez deviné, si vous ne le saviez déjà, qu'il s'agit là d'un surnom fantaisiste. Son vrai nom est Maurice Edmond Sailland. Né à Angers, d'une vieille famille angevine profondément traditionaliste, Curnonsky consacra sa vie aux lettres et à la gastronomie qu'il sut associer avec bonheur. Grand voyageur devant l'Éternel, il alla goûter sur place la cuisine chinoise. Il en revint tellement enthousiasmé qu'il affirma qu'après la cuisine française, c'était la plus variée et la plus succulente du monde. Évidemment, Luciano Pavarotti ne partage pas cet avis.

Ami, compagnon et collaborateur de Toulet, de Willy, de Marcel Rouff, il publia, au lendemain de la guerre de 1914, une série d'opuscules qui fit bénéficier un large public de son goût et de sa riche expérience de la cuisine française. Toute une série d'ouvrages devait suivre sur « le Trésor gastronomique de la France ».

Fondateur et premier président de l'Académie des Gastronomes en 1930, un plébiscite de 3 000 toques blanches l'avait déjà sacré, en 1927, *Prince élu des Gastronomes.* De plus, quand il eut 80 ans, 80 restaurants de Paris l'invitèrent à s'asseoir à leur table jusqu'à la fin de ses jours, aux frais de la princesse.

Je venais d'atteindre ma treizième année quand je connus Curnonsky. Mon grand-père maternel, homme très sérieux au travail, mais friand d'humour dans ses loisirs, m'avait donné *Le Wagon des fumeurs, Par le trou de la serrure* et *Le Musée des erreurs* comme premiers livres de contes amusants, sous la signature de Curnonsky. Sans le savoir, le cher homme fut donc mon premier professeur... d'histoires!

Je me souviens, par exemple, qu'il citait l'inscription suivante sur le menu d'un restaurant: « S'il vous plaît, ne critiquez pas notre café. Un jour, vous-même, vous serez peut-être comme lui: vieux et faible. »

Trente ans plus tard, j'avais le bonheur de le rencontrer à Paris, au restaurant *l'Alsacienne.* À l'aimable suggestion de Gabriel Boussion, le président-fondateur du Club gastronomique Prosper Montagné, René Morand avait réuni chez lui quelques-unes des plus nobles fourchettes de France. À la suite d'un festin de roi, on m'invita à prononcer un laïus de circonstance.

Quand je mentionnai l'incident du « cours d'histoires », les yeux du charmant vieillard se mouillèrent de joie. Je lui rappelai de plus que j'avais lu plusieurs de ses écrits, notamment *Les Fines Gueules de France* et *La France gastronomique*, ainsi que la plupart de ses articles dans *Cuisine et Vins de France*. Incidemment, c'est à cette occasion que je fis la connaissance de Madeleine Decure, la fondatrice de cette excellente revue, et de celle qui devait lui succéder, Odette Kahn.

Le Prince m'avoua en toute candeur qu'il n'aurait jamais cru que ses écrits avaient chez nous autant de retentissement. L'interview qu'il enregistra à l'intention de ses amis canadiens, ce soir-là, restera sûrement, avec le dîner de *l'Alsacienne*, l'un des plus beaux souvenirs de ma vie. J'avais là, devant moi, auréolé de ses 83 ans, celui qui m'avait appris à rire, à savourer un bon repas et à déguster des vins de choix. Quel merveilleux professeur! Un professeur reconnu partout et par tous, ce qui est si rare...

Hôteliers, restaurateurs, chefs de cuisine, gourmets et gourmands perdaient en lui, six mois plus tard, un chef de file et un inspirateur. Heureusement, ses nombreux écrits nous permettent, en le lisant et en le relisant, de continuer à suivre ses précieux enseignements. Nous rendrons ainsi hommage à l'un des plus grands apôtres non seulement de l'art culinaire, mais aussi de l'art de bien vivre.

Aussi, est-ce avec une douce mélancolie que je lève mon verre à la mémoire du grand disparu. Et, d'outre-tombe, j'entends les joyeux éclats de rire de Rabelais, de Molière, d'Alexandre Dumas, d'Escoffier et de Prosper Montagné qui ont su accueillir les trois personnes en Curnonsky : l'homme de goût, l'homme de lettres et l'homme d'esprit.

À l'exemple d'un tel personnage, tous les gourmets du monde n'ont vraiment qu'à se féliciter de marier l'humour à l'art de faire bonne chère. La revue *Psychologies* publiait justement un article à ce propos, en novembre 1983. Tour à tour, des spécialistes du comportement, des médecins célèbres et des comiques professionnels constataient que le rire est essentiel pour triompher des agressions de la vie.

On y déclare également que, depuis moins de deux siècles, il devient socialement acceptable de rire en public. Évidemment, quand on allait entendre Molière, on ne se gênait pas pour rire à gorge déployée, mais le rire au salon était considéré comme vulgaire.

Les précieuses ridicules de cette époque auraient donc perdu connaissance si on leur avait raconté l'histoire classique des Folies-Bergères. En voyant cette grappe de jolies filles, le mari, tout rouge et tout agité, dit à sa femme : « Regarde donc ces poitrines, ces croupes et ces cuisses ! Ah ! qu'elles sont appétissantes ! » Ce à quoi son épouse répondit: « C'est possible, mon ami, mais garde ton appétit pour la maison! »

Pour le docteur Henri Rubinstein, le rire a un effet salutaire sur la digestion, à condition de ne pas manger comme un ogre ou une ogresse. Même si tel est le cas et si l'on creuse sa tombe avec ses dents, dit-il, chaque éclat de rire retarde le moment où la fosse sera prête.

Il ne faudrait pas conclure de là que l'hilarité doit primer sur la qualité, au cours d'un excellent repas. Sans vouloir plonger les convives dans une atmosphère de mercredi des Cendres, il ne faut tout de même pas les noyer dans une ambiance de mardi gras. Les gourmets n'affichent jamais des faces de carême et ils apprécient la jovialité, mais ils veulent avoir le loisir de discuter librement chacun des éléments de leur menu. Aussi bien à la maison qu'au restaurant.

Cet échange d'opinions doit se faire amicalement et non s'animer au point de devenir une prise de becs ou un crêpage de chignons. Rappelons-nous toujours le vieil adage latin: « Des goûts et des couleurs, il ne faut point disputer. »

Si d'aventure un mets et une boisson ne vous plaisent pas, ne les qualifiez jamais de « toxiques ». Autrement, c'est peut-être vous qui passerez pour un « poison ». À quoi sert vraiment de jouer au petit maître ou au grand connaisseur? Vous savez, quand on est trop plein de soi-même, on risque parfois de verser dans le vide.

Je me rappelle un certain jour où j'étais attablé *Chez la Mère Catherine* à Pigalle, en compagnie de Jean Rigaud, Roger Nicolas et Claude Michel. Nous nous racontions de bonnes histoires, bien salées et bien poivrées. Un client qui avait reconnu mes amis-vedettes s'approcha de notre table et, sans autre invitation, prit la parole et chercha à nous impressionner, en nous faisant un long et savant discours sur la gastronomie. Fatigué de l'entendre, Jean Rigaud lui pose la colle suivante: « Connaissez-vous cette fameuse épice qu'est la macoura? » Comme le bonhomme reste bouche bée, il lui explique alors qu'il s'agit là d'une poudre éthiopienne, obtenue par le broyage, dans un mortier, de quantités égales de pasobéla, d'azmud noir et blanc, de coriandre, de gingembre, de clous de girofle et de poivre. « C'est épatant, dit-il, ça réveillerait un mort. » « Vous en avez déjà mangé? » demanda le pédant. « Non, répondit Jean Rigaud, j'attends d'être mort! »

Oubliez donc le baragouinage des pimbêches, des poseurs et des prétentieux, et demandez plutôt l'opinion d'un gastronome authentique. Vous verrez: elle sera toujours formulée avec la modestie et la retenue qui caractérisent les vrais appréciateurs.

Vous vous éloignerez ainsi de la violence des mots. Vous aurez le plaisir d'avoir appris quelque chose. Vous aurez l'âme sereine et le coeur à rire. Et vous comprendrez, dans toute sa subtilité, le raffinement de la gastronomie.

Chapitre VIII

L'appétit :
un guide ou un tyran ?

Quand un enfant refuse de manger, le petit roublard se plaint qu'il n'a pas faim. Son frère, le goinfre, soutient de son côté qu'il souffre de fringale, et il viderait le frigo si on le laissait faire. Cette situation ambivalente nous pose fatalement le problème global de l'appétit.

Un des seuls auteurs qui ait eu l'audace d'aborder le sujet est Alexandre Dumas. Pas le fils naturel à qui, selon mon petit-fils, on doit *La Dame aux caramels*. Son père qui était plus prolifique. Il signa en effet près de trois cents ouvrages, dont *Les Trois Mousquetaires* et le *Dictionnaire de la Gastronomie*. Les malins prétendent qu'il avait de nombreux collaborateurs, mais ils disent la même chose au sujet de Shakespeare.

Comme on le sait, ce cher Dumas père était fort intéressé à tout ce qui touche le boire et le manger. Il déclara donc qu'il y a trois sortes d'appétit :

« ... le premier, celui que l'on éprouve à jeun,

provoque une sensation impérieuse qui ne chicane pas avec les mets et nous fait venir l'eau à la bouche;

... le second, celui que l'on ressent lorsque, s'étant mis à table sans faim, on a déjà goûté d'un plat succulent et qui consacre le proverbe « l'appétit vient en mangeant »;

... et le troisième, celui qu'excite un mets délicieux qui paraît à la fin d'un repas, lorsque, l'estomac satisfait, les convives sans regret allaient quitter la table. »

Sans vouloir faire de peine au célèbre auteur de *La Reine Margot*, l'appétit dont je veux parler va beaucoup plus loin que ses trois définitions. Ce désir naturel de manger dépend peut-être des circonstances atténuantes, mais il provient, au départ, d'un besoin nettement physique. Tout le monde admettra qu'un travailleur de force, qui dépense de l'énergie comme trois locomotives en marche, possède un appétit plus difficile à contenter que celui d'un coiffeur qui passe son temps à jouer dans les cheveux des « ravissantes ». D'ailleurs, tous les diététistes diront à ce dernier, s'il lui arrive d'être trop gourmand, qu'il ne trime pas assez dur pour se permettre une telle orgie de calories et de vitamines. D'autant plus qu'un virtuose de la coiffure n'a pas l'infrastructure d'un camionneur qui transporte des pianos. Il doit donc s'en tenir à l'appétit normal d'une personne de sa catégorie. On pourrait mettre dans le même sac les intellectuels, ainsi que les jolies femmes qui veulent garder la minceur de Vénus et ses jolies rondeurs.

Heureusement, toutes ces aimables personnes ont en général ce qu'on appelle un appétit d'oiseau. Si elles ont la sagesse de ne pas succomber à l'inclination qui les pousse à boire et à manger uniquement pour la satisfaction des sens, elles seront en excellente santé et feront le bonheur de leur entourage.

Pour ce qui est de ceux et de celles dont la taille ou le genre de travail justifie un appétit plus large, il leur faut éviter à tout prix la voracité et l'intempérance. Autrement, ils risquent d'assister à la procession des maux de tête, des brûlures d'estomac, de l'entérite, des crampes abdominales, de l'ivrognerie, de l'alcoolisme et, pour terminer le cortège: de Sa Majesté l'embonpoint. Les retombées ne sont pas plus drôles: à savoir, les querelles matrimoniales, l'absence au travail, les séjours à l'hôpital, les cures à l'eau misérable, et tous les ennuis connexes qui parcourent le monde pour la perte des hommes. Des femmes aussi.

Dans tous les cas, pour ramener le problème à son plus petit dénominateur commun, il serait bon de se convaincre d'un principe vieux comme le monde: il faut manger pour vivre, et non vivre pour manger. Ce sage conseil qu'affectionnait Socrate n'avait pas pour but, dans son cas, de justifier la gastronomie, car le grand philosophe cultivait plutôt la frugalité. L'avare de Molière proclamait, lui aussi, la même ligne de conduite, mais c'était mesquinement pour des raisons d'économie. Oublions donc Socrate et Harpagon, et donnons à leur conseil un sens plus conforme aux aspirations de ceux et de celles qui veulent pratiquer sainement l'art de faire bonne chère.

Au cours de vos tentatives pour ajuster votre appétit à vos besoins personnels, plusieurs points d'interrogation attaqueront votre matière grise. Vous vous demanderez d'abord de quels aliments vous devez vous sustenter, car il y a exactement trois catégories de mangeurs:

... les « omnivores » qui mangent pratiquement tout ce qui est comestible, aussi bien dans le règne animal que dans le règne végétal. Pour le moment, on garde le règne minéral pour les ustensiles et les casseroles;

... les « carnivores » qui se nourrissent de chair de toutes sortes. S'ils ont un faible pour la chair humaine, on les appelle les « cannibales »;

... et finalement, les « végétariens » dont le régime alimentaire élimine tout ce qui provient des animaux morts ou vivants, sauf les oeufs, le miel, le lait et ses sous-produits. Comme le disait si bien la végétarienne à son amie: « Tu sais, ma chère, si nous écartons de la bonne chère la fameuse chair qui coûte si cher, nous nous consolons tout de même, en savourant les plaisirs de la chair! »

Je ne suis pas médecin, mais j'avoue candidement que, si je l'avais été, je crois que l'examen des patientes m'aurait le plus plu. Je n'oserais donc pas m'improviser disciple d'Esculape pour vous dire que vous devez devenir un mangeur à parts entières ou un mangeur restreint. Par contre, je faillirais à la tâche et je passerais pour un fieffé menteur si je ne vous confiais pas que, moi, personnellement, j'ai un plaisir fou à manger toutes les bonnes choses que Dieu le Papa a mises à notre disposition.

Mais encore ici, il faut faire une importante distinction. Un aliment n'est pas nécessairement bon parce qu'il ravit nos suffrages. Et il ne devient pas forcément mauvais parce que nous levons le nez dessus. Comme je n'ai jamais cessé de le prôner, nous n'avons donc pas le droit de nous ériger en dictateur et de condamner tous les aliments et toutes les boissons qui n'ont pas l'heur de nous plaire. Si nous écoutions tous ceux qui souffrent d'allergies, d'aversions, de phobies, de préventions, de mauvaises expériences, nous dirions tellement souvent « non, merci! » que nous finirions par attraper le torticolis.

Pour ne donner qu'un exemple, citons le cas des oeufs qui ont leurs amis et leurs ennemis. Ces derniers ont dit pendant des années que l'oeuf était responsable de l'augmentation du taux de cholestérol dans le sang. Or, aujourd'hui, des chercheurs en viennent à la conclusion que le cholestérol des oeufs n'obstrue pas nécessairement les artères et ne risque pas de provoquer des maladies cardiaques. Évidemment, si vous les mangez à la douzaine, les chercheurs vous trouveraient peut-être hasardeux, avec un « H » majuscule.

D'autres ennemis des oeufs les rendent responsables de picotements aux yeux, de démangeaisons, d'éternuements, de nez qui coule comme-érable-au-printemps, de troubles respiratoires et d'entérite.

Mais les chercheurs (quand finiront-ils par trouver?) admettent que les oeufs ne sont pas les seuls incriminés dans cette litanie de malaises. Ils mentionnent également les noix, les amandes, les arachides, les poissons, les coquillages, le lait et le chocolat. La seconde série d'agresseurs comprend le blé, la cannelle, les pommes de terre, le boeuf, la teinture artificielle, le porc et le poivre noir. Amen.

Toute cette énumération de croquemitaines n'a pas pour but de vous faire peur, mais de vous montrer que, quoi qu'on fasse, le danger est toujours à nos portes. Traitons-le donc comme il le mérite: en s'en moquant éperdument. Si les oeufs étaient si nocifs pour la santé, les poules cesseraient de se forcer pour pondre, et elles auraient ainsi beaucoup plus de loisirs pour folâtrer avec les coqs qui se trouveraient les premiers à s'en réjouir.

Heureusement, les oeufs possèdent plus d'amis que d'ennemis. J'en connais même qui s'en accusent à confesse, parce que convaincus que les oeufs sont des aphrodisiaques, c'est-à-dire des substances qui stimulent l'appétit charnel. En d'autres termes, selon cette théorie que les amoureux éprouvent une grande joie à mettre en pratique, les oeufs nous rendent le grand sympathique encore plus sympathique. Et pourtant, je connais un ami qui a mangé des omelettes toute sa vie et n'a jamais eu un seul héritier. Il faut dire en toute justice que le pauvre homme était célibataire, ce qui n'arrange pas les choses.

S'il fallait écouter Pierre, Jean, Jacques, sans oublier Pierrette, Jeanne et Jacqueline, on éliminerait de son alimentation une si grande quantité de mets que, prisonnier de son régime, on serait réduit au pain et à l'eau. Il faut admettre l'allergie de certaines personnes pour quelques aliments, mais la rareté de ces cas exceptionnellement individuels en rend vaine la généralisation. Remercions donc le sol, les oiseaux, les poissons et les animaux de nous fournir une si magnifique orchestration de délices à boire et à manger. Et surtout, jouons-en la partition du début à la fin, car, en gastronomie, aucun gourmet ne passerait pour Schubert, s'il laissait la symphonie inachevée.

Par contre, au risque d'avoir l'air d'un fusil à répétition, n'oublions jamais que, s'il reste un domaine où nous jouissons pleinement de la liberté, c'est bien celui de l'alimentation. Il appartient donc à chacun de nous de préparer son menu, selon ses propres goûts et selon les caprices du moment.

Ne vous laissez donc jamais intimider par ceux qui affirmeront: «Vous vous prenez pour un gourmet et vous ne mangez pas de tout?» «Vous ne videz pas votre assiette?» «Qu'est-ce que vous avez contre les tripes à la mode de ma grand-mère?» Et patati, et patata.

En parlant de patate, vous rencontrerez parfois des

protestataires tout à fait différents de ceux dont on vient de parler. Eux se scandaliseront s'ils voient un gastronome en train de manger des frites. Pour eux, on doit laisser ce mets à la vile multitude. Ils se complaisent d'ailleurs à les appeler « patates frites », alors qu'en réalité les frites qu'on mange habituellement proviennent des pommes de terre qui, elles, ne sont pas sucrées. Ces pauvres malheureux oublient que le bifteck-pommes frites constitue l'une des plus belles inventions gastronomiques de Paris.

Mentionnons en passant qu'il est maintenant admis de manger les frites avec ses mains. Tout ceci pour vous avertir qu'il faut toujours se fier à son goût personnel et ne pas s'en laisser détourner par les dédains et les engouements de ceux et de celles qui se prennent pour des Pic de la Mirandole. Souvent, d'ailleurs, ils ne sont que des Pique-assiette.

Un vrai gourmet ne doit pas se sentir honteux ni piteux, si son organisme lui commande de ne pas toucher à tel ou tel aliment qui lui cause des ennuis. À vrai dire, le répertoire gastronomique se révèle assez vaste pour satisfaire les plus éclectiques, sans oublier les vieillards, les femmes et les enfants. Ne vous laissez donc pas influencer par la crainte, les caprices ou les répugnances, et faites-vous un devoir de goûter à tout mets comestible, sans arrière-pensée. Faites alors votre choix, en éliminant tout ce que vous trouvez insalubre ou désagréable, et inscrivez à votre palmarès personnel tous les mets et toutes les boissons qui ont le rare mérite de vous donner de vraies jouissances qui n'ont rien à voir avec ce que les scrupuleux appellent le harcèlement sexuel.

Chapitre IX

La gamme des boissons

Dès que vous parlez de boissons, les buveurs d'eau font une crise d'affection. Pas sensuelle. Démentielle. Pour eux, ce mot infâme inventé par Satan désigne uniquement les boissons alcooliques ou alcoolisées. Or, je regrette, mais s'ils consultaient Littré, un vieux de la vieille, ils apprendraient que la signification de ce terme va beaucoup plus loin.

Selon lui, ce mot englobe tous les liquides que l'on boit, « soit pour satisfaire sa soif; soit pour réparer la déperdition de nos fluides; soit pour stimuler l'estomac; soit enfin pour causer une excitation salutaire dans nos organes ».

Littré ne se gêne pas pour ajouter: « Il y a des boissons saines et malsaines. Des boissons rafraîchissantes, réchauffantes, excitantes, énervantes et exhilarantes. » C'est justement ce qui les rend plus intéressantes.

Néanmoins, pour passer de l'abstrait au concret, il existe autant de boissons que de péchés capitaux. Nous traiterons donc de chacune d'elles, en insistant davantage sur celles qui intéressent particulièrement l'art de faire bonne chère.

La première catégorie comporte *les eaux pures* et *les eaux minérales*. Or, comme nous avons souligné leurs vertus au quatrième chapitre, nous les passerons maintenant sous silence.

***

Un autre liquide a de l'importance : c'est *le lait*. Les hygiénistes ne le considèrent pas comme une boisson, mais comme un aliment liquide. Le jeune animal, y compris le mioche, en raffole. Surtout s'il est savouré à la mamelle, car c'est un aliment vivant. De plus, le lait a l'énorme avantage de posséder une grande valeur alimentaire, tout comme ses sous-produits. Mais, comme toute bonne chose, il faut en user avec discernement. Même si plusieurs Américains boivent du lait en mangeant, on considère ce geste comme une hérésie diététique. Il représente, dit-on, un des plus sûrs moyens de suralimentation. Évidemment, nous parlons ici du lait de vache, car c'est celui qu'on emploie le plus couramment. Si par hasard il vous incommode, prenez donc le taureau par les cornes, et consultez votre médecin.

***

Viennent ensuite *les jus de fruits*. Commençons par les agrumes. Peut-il exister un mot moins joli pour désigner collectivement d'aussi beaux fruits que les oranges, les pamplemousses, les citrons, les mandarines, les clémentines et autres fruits de la même famille? Vous vous rendez compte: le seul mot avec lequel il peut rimer, c'est le mot rhume. C'est probablement pourquoi tous les jus d'agrumes sont si bons contre la grippe. De plus, ce sont pratiquement les seuls fruits à nous fournir des jus fraîchement pressés. Tous les autres, les tomates, les pommes, les raisins, les cassis, les grenades et les ananas nous donnent des jus en bouteille ou en canette. Mais on peut se consoler en songeant que ces fruits étaient très mûrs quand on leur a extrait leur jus.

Tout comme il existe des cures d'eaux sulfureuses, n'oublions jamais les cures de jus de fruits. Mais prenez garde! Si, par exemple, pendant trois mois vous buvez du jus de citron, vous n'aurez pas l'air d'un revenant de Papeete, Tahiti, mais on vous prendra peut-être pour un pékin de Shanghai. Blague à part, les jus de fruits sont excellents pour la santé et jouissent d'une certaine importance en art culinaire et en pâtisserie.

***

Même si elles n'ont rien à voir avec la gastronomie, il faut mentionner une quatrième sorte de boissons, à savoir *les boissons gazeuses*. *Larousse* les appelle même des sodas. Vous ne me croyez pas? Eh bien! mes incrédules, ouvrez votre « Je-sème-à-tout-vent » et vous verrez la définition suivante du coca-cola: « soda composé d'extraits de feuilles de coca, sans cocaïne, et de noix de cola. » La nouvelle recette paraîtra dans la prochaine édition. Je n'en ai pas contre ces boissons rafraîchissantes, car elles font la joie des moins de 18 ans qui n'ont pas le droit de fréquenter les bars-salons. Mais si vous avez dans votre assiette une Volaille à l'orientale, délicatement assaisonnée de poudre de gingembre, je ne vous recommanderai jamais comme boisson d'accompagnement une bouteille de Ginger Ale.

***

Passons maintenant aux *infusions* et commençons par les tisanes. Il s'agit là d'une boisson destinée aux malades et très en faveur dans la médecine populaire. Ajoutons que le lendemain de la veille, certains gourmets, qui ont commis l'incartade d'oublier les règles du jeu, sont bien heureux de se refaire une santé avec une tisane de camomille, de menthe ou de verveine.

Le chocolat chaud ou froid faisait les délices de Brillat-Savarin. Il le recommandait aux traumatisés, aux aigris, aux déprimés, aux moroses, aux pessimistes, aux navrés, aux abattus, aux indolents, aux taciturnes, aux ténébreux et à tous ceux qui sont aussi tristes qu'une porte de couvent.

Le thé qui se buvait en Chine au VIe siècle fut popularisé en Angleterre par la reine Catherine qui en avait contracté l'habitude au Portugal. Depuis ce temps-là existe la tradition du *Five o'clock tea.* C'est Noel Coward, je crois, qui a dit : « Le thé ressemble à l'Angleterre : il déploie toute sa force quand il est dans l'eau bouillante. »

On peut badiner tant qu'on voudra sur les buveuses et les buveurs de thé, il n'en reste pas moins vrai qu'il favorise agréablement la digestion. Par ailleurs, dans les pays où le thermostat grimpe à vous faire mourir de chaleur, le thé constitue l'une des meilleures manières de consommer l'eau. De fait, pour éviter toutes les maladies que l'eau impure, la vicieuse, peut entraîner, il est obligatoire de la faire bouillir avant de la consommer. Alors, tant qu'à se donner la peine de boire de l'eau en ébullition, pourquoi ne pas en profiter pour l'agrémenter d'un parfum et d'une saveur qui la rendront moins insipide, moins incolore et moins inodore ?

Le café, l'infusion la plus populaire à travers le monde, mérite d'être traité avec beaucoup de respect. Autrement, les fanatiques du « *coffee break* » vont nous accuser de nuisance publique. Et dire que Marie de Rabutin-Chantal, marquise de Sévigné, avait déclaré, il y a déjà trois siècles, que c'était là une mode passagère.

Le plus amusant de l'histoire, c'est que, loin de perdre sa vogue, le café est devenu rapidement la boisson préférée des intellectuels. Pour eux, le café produit une excitation nerveuse de l'esprit, dont l'effet magique consiste à fouetter l'intelligence. À tel point que l'imagination, la folle du logis, se met à courir aussi rapidement qu'un vainqueur du Kentucky Derby. On peut même se demander si, sans l'aide d'un café à toutes les trente minutes, Balzac aurait pu écrire les nombreux romans de *La Comédie humaine.*

Les hommes d'affaires, les technocrates, les professionnels, les patrons et les syndicalistes partagent entièrement cet avis. Dans leur bureau, en réunion particulière ou plénière, il leur faut siroter leur café plusieurs fois par jour. Autrement, leur machine à penser tombe en panne sèche.

Par contre, car dans la vie il y a toujours un « par contre », les médecins et les diététistes nous mettent en garde solennellement. Si vous buvez trop de café, les enfants, vous pourrez vous en repentir un jour. Pourquoi? Posez-leur la question et ils vous le diront.

***

Le cidre, cette boisson fermentée, à base de pommes, fleure la Normandie à plein nez. On lui doit d'ailleurs le calvados et, par contrecoup, le trou normand.

Très rafraîchissant, le cidre, moins alcoolisé que le vin, était généralement recommandé à tous ceux qui souffraient des maladies dégénérant en gravelle, c'est-à-dire aux messieurs qui avaient des pierres dans leur jardin.

Dans tous les pays où il y a des pommes, on fabrique habituellement du cidre. Très agréable, quand il est bien fait, on l'utilise comme rafraîchissement ou dans la préparation de différents mets, auxquels il ajoute une saveur et un parfum tout à fait particuliers.

***

En plus d'être la boisson la plus ancienne, *la bière* jouit d'une immense faveur à travers le monde. Savoureuse, rafraîchissante, de manipulation facile, elle est toujours prête à boire. Sa faible teneur en alcool représente un autre de ses avantages. On peut donc en prendre plusieurs verres avant de tomber dans les houblons du Seigneur.

Bue modérément, la bière a la vertu de décontracter, de calmer les esprits, de rendre joyeux et de s'avaler agréablement entre gens de bonne compagnie. C'est pourquoi on la retrouve invariablement aux événements sportifs, aux manifestations de plein air, aux fêtes de famille, aux rencontres amicales, aux rassemblements populaires, devant la télévision, dans les cafés-terrasses, partout où l'on veut respirer la joie de vivre. À table, la bière représente une excellente boisson pour accompagner tous les plats. Particulièrement les poissons et les viandes fumées, la charcuterie, la saucisse et les jambons, les salades de toutes sortes, les huîtres, le homard, les langoustines et tous les fruits de mer. Pour les amateurs de cuisine étrangère, à commencer par la chinoise et la japonaise, la bière s'avère tout à fait appréciable. Dans tous les cas, je recommanderais une bière légère au goût plutôt sec.

Georges Duhamel, de l'Académie française, écrit justement à ce sujet: « Depuis quelques années, je bois de la bière, de préférence au repas du soir. Mon estomac y trouve avantage et je dors infiniment mieux. » C'est là le conseil d'un homme sage. Surtout qu'en plus d'être un des grands écrivains du siècle, Georges Duhamel était médecin.

***

On a tout dit sur *le vin*. Les poètes, les écrivains et les célébrités n'ont jamais cessé de lui rendre hommage. Pour vous rappeler d'agréables souvenirs, voici quelques-unes de leurs citations:

« La vie est un sommeil dont le vin est le rêve,
Et vous n'avez pas vécu si vous n'en avez pas bu. »
ALFRED DE MUSSET

« Le vin est la plus saine et la plus hygiénique des boissons. »

LOUIS PASTEUR

« Si le lait est le vin des bébés, le vin est le lait des vieillards. »
UN VÉTÉRAN DE LA GUERRE DE CENT ANS

« Seule, dans le règne végétal, la vigne nous rend intelligible la véritable saveur de la terre. »
COLETTE

« L'eau pour les pieds, le vin pour le gosier. »

GILBERT BÉCAUD

« Bacchus n'était jamais en état d'ébriété. Toujours agréable à Vénus, il ne connut d'ivresse que l'ivresse de l'amour. »

MONTESQUIEU

« Sur la langue, le vin parle. »

PIERRE POUPON

« Le vin est la huitième merveille du monde. »

MAURICE CHEVALIER

« Au début d'un grand repas, il y a deux regards furtifs : celui qu'on lance vers le décolleté de la jolie voisine et celui qu'on lance vers l'étiquette de la bonne bouteille. »

GOMEZ DE LA SERNA

Depuis toujours, cette aimable littérature a entouré le jus de la treille d'une auréole mystérieuse. Je croirais même qu'elle a contribué à confondre plusieurs adeptes éventuels qui, eux aussi, voudraient connaître le vin pour pouvoir lui faire honneur.

Or, les vrais amants de ce nectar des dieux ne se gêneront pas pour vous dire que la vérité est dans le vin lui-même, et non dans les livres. En partant de ce principe, plus vous boirez de vin, plus vous apprendrez à l'apprécier à son juste mérite. Vous constaterez alors qu'il n'est pas nécessaire d'avoir bu des centaines de bouteilles pour en arriver à la conclusion suivante : trouver un vin qui plaira à tous les goûts et conviendra à tous les mets, c'est rêver en couleurs.

Prenez seulement l'exemple des parfums. Lequel peut ravir tous les suffrages? Et pourtant, la femme, suffisamment éclectique pour choisir exactement le parfum qui lui convient, séduira sur son passage tous les messieurs en quête de sensations. Pour faire un jeu de mots facile, elle a choisi l'essence qui excite les sens.

Pour revenir aux vins, chacun d'eux possède tellement de qualités que vous aurez plaisir à les savourer, pour faire votre choix, selon votre goût et selon les circonstances. Évidemment, il ne faut pas demander à un médoc ordinaire de vous impressionner autant qu'un Château-Lafite-Rothschild. Et encore là, vous pouvez avoir des surprises. Le même petit médoc, bien conservé et bien vieilli, pourra vous donner plus de satisfaction que le grand Lafite, mal conservé et mal vieilli.

En résumé, quand on déguste un vin, chez soi, chez des amis ou au restaurant, il ne faut jamais jouer au grand connaisseur. Si le vin est mauvais, éventualité plutôt rare, qu'on le jette ou qu'on le refuse. Si on ne l'aime pas, on ne l'aime pas. Mais à quoi bon s'évertuer à en dégoûter les autres?

∗∗∗

Tout alcool potable, produit par la distillation du vin, des grains, des fruits et de la canne à sucre devrait s'appeler *eau-de-vie*. C'est en tout cas ce que prétend Alexis Lichine et les apôtres de l'intempérance. Les ligues antialcooliques et les gosiers secs ne chantent pas la même chanson. Elles et ils soutiennent que l'eau-de-vie est une eau-de-mort qui tue lentement. Ce qui d'ailleurs leur a amené la réponse traditionnelle des *aficionados*: « Peu importe! nous ne sommes pas pressés. »

N'empêche qu'à la suite de leur prédication farfelue, les adversaires de l'alcool ont fait diminuer passablement la consommation des eaux-de-vie depuis quelques années. Dommage vraiment. Car la très grande majorité de ces boissons sont d'excellente fabrication. Elles offrent en outre de nombreux avantages. Loin de nuire à la santé, quand on les boit avec modération, elles constituent à la fois des stimulants, des excitants et des euphorisants.

Les alcools de vin, tels que le cognac et l'armagnac, de même que les alcools de fruits, dont les mieux connus sont la framboise, la prunelle, la poire, le calvados, le kirsch et la mirabelle, sont des digestifs de haute qualité qui, à la fin d'un repas, déclenchent de véritables feux d'artifice.

Quant aux alcools de grains, qu'on peut servir comme apéritif, comme base de cocktail ou comme boisson d'agrément aux périodes de loisir, eux aussi sont des sources de chaleur, d'envoûtement et de réconfort. Les Anglais et les Américains les appellent *spirits*, ce qui est fort juste.

Mais je l'avoue en toute candeur, je n'aime pas qu'on tra-
duise ce mot en français par «spiritueux». On prétendra
ce qu'on voudra, quand les béatitudes nous disent:
« Bienheureux les esprits purs! » elles ne visent sûrement
pas Monsieur Gin, Monsieur Rye, Monsieur Rhum, Monsieur Scotch et Madame Vodka. On ne dit jamais à la
belle de ses jours: « Voulez-vous un spiritueux? » On lui
murmure plutôt: « Voulez-vous une eau-de-vie? »

Chapitre X

Conclusion

Les chapitres précédents vous ont peut-être induit en erreur. Ils pourraient laisser croire que si l'on n'est pas glouton, on est gourmet, ou que, si l'on n'est pas gourmet, on est glouton. Erreur. Mille excuses. J'ai le front dans la poussière jusqu'aux deux oreilles. Disons que, dans les deux cas, il n'existe aucune loi, aucun règlement, aucun barème, aucun critère pour déterminer si vous êtes l'un ou l'autre. Personne ne peut se décerner ou se faire décerner officiellement le diplôme de glouton ou de gourmet.

D'ailleurs, la marge qui sépare ou dépasse chacun de ces deux termes s'élargit tellement qu'on pourrait se perdre en distinctions de toutes sortes.

Mon seul et unique but consiste à ne pas glorifier outre mesure les gourmets ou ceux qui prétendent mériter ce titre, pas plus que de vilipender ceux qu'on qualifie à tort ou à raison de gloutons. Tout ce que je désire, c'est de permettre à mes lecteurs de prendre les meilleurs moyens de vivre agréablement, sans se laisser paralyser par un tas d'empêchements, de freinages, de barrières, d'entraves, de défenses, de prohibition, de veto et de pierres d'achoppement. Dans l'art de faire bonne chère, tout particulièrement, j'estime qu'il faut éviter comme la peste tous les prophètes de malheur. Autrement, ils vont vous empoisonner l'existence avec leurs préjugés et leurs préventions:

ne bois pas ceci; ne mange pas cela;

tu ne varies pas assez tes menus;

tu bois trop; tu manges trop;

tu ne fais pas assez d'exercice;

tu devrais te reposer davantage;

tu te couches trop tard; tu abuses du sommeil;

coupe le sucre, coupe le sel, coupe le gras;

et fais peur par-ci, et fais peur par-là.

À force d'écouter tous ces bobards, vous ne boirez plus, vous ne mangerez plus, vous ne fumerez plus, vous débrancherez votre téléphone, vous abandonnerez votre fiancée, votre femme ou votre compagne, et vous laisserez votre auto au garage. Tout ce qu'il vous restera à faire, ce sera de donner vos vêtements à l'Armée du Salut, vous acheter une robe de chambre en coton frisé, des pantoufles sans talons, car c'est plus facile à endosser qu'un chèque sans provision et, finalement, vous procurer une couverture en laine angora et le *Guide de la radio et de la télévision*.

Pour ne pas être réduit à ce rôle de parasite, il faut vous fier à une seule personne: *vous-même*. Comme tout être humain, vous avez été conçu et mis au monde avec des goûts, des tendances et des caprices. Si vous les laissez vous maîtriser, vous n'en sortirez jamais. Vous n'avez donc qu'un choix : vous devez affectionner les choses qui sont un bienfait pour vous et prendre en grippe celles qui ont pour effet de vous nuire et de vous démolir. Un seul exemple : vous avez un faible pour les cacahuètes, mais chaque fois que vous en mangez, vous avez des brûlures d'estomac. Il devient clair que votre appareil digestif refuse de les assimiler. Alors, c'est *vous-même* qui devez vous conseiller à *vous-même* de les éviter. Rien ne vous oblige à le faire, mais si vous persistez à « gourmandiser », vous aurez fatalement des troubles de digestion.

Mais oui, madame ! mais oui, monsieur ! je vous comprends. Vous devriez être capable de boire tout ce qui est potable et de manger tout ce qui est comestible. Mais pour des raisons inexplicables, il existe des aliments et des boissons auxquels vous êtes réfractaire. Vous n'avez donc pas le libre choix, tel que prôné par la Commission des droits de la personne. Même si les cacahuètes vous plaisent, vous devez les inscrire sur votre liste noire. Autrement...

***

Parmi tous les solides et les liquides que vous absorbez à merveille, il en existe certains qui, dans votre cas, deviennent particulièrement l'objet de vos convoitises. Or, comme nous sommes tous enclins à succomber à la tentation, le hasard, qui fait bien les choses, nous met toujours en présence de la boisson, de l'amuse-bouche, du plat cuisiné, de la pâtisserie ou du fruit défendu. Dans le cas de notre grand-père Adam, c'était la pomme. Et, le serpent, il n'a pas pu y résister. En ce qui nous concerne tous, nous pouvons raffoler d'une des grandes saveurs. Si nous en abusons, nous avons vraiment des problèmes. L'abus peut même se traduire par l'excès de poids, voire même l'embonpoint ou l'obésité, appelez ça comme vous voudrez. Jusque-là, il n'y a pas à vouloir s'arracher les cheveux, surtout si vous êtes chauve. Car, après tout, les personnes grasses sont reconnues pour leur bon caractère, leur sens de l'humour et leur tolérance. Jules Renard écrivait justement au sujet de l'une d'elles : « Elle était heureuse. Chaque fois qu'elle respirait, le bord de la table et le bord de son ventre se touchaient. »

Évidemment, pour les reines de la création qui tiennent mordicus à leur taille de guêpe, c'est une autre paire de hanches. Et pour ceux qui redoutent « l'éléphantiasisme », il faut réagir. Non pas en adoptant un régime de six mois que vous laisserez tomber au bout de six jours. Pas plus qu'en vous lançant dans des exercices violents qui ne tarderont pas à vous prouver brutalement : a) que votre carrosserie sonne la ferraille et b) que votre moteur de cardiaque est un ancien modèle.

Si vous n'avez pas le courage nécessaire ou les connaissances voulues pour régler votre propre cas, il est alors impérieux de consulter ceux et celles qui peuvent vous sortir du pétrin : les médecins, les spécialistes, les diététistes ou les nutritionnistes. Ayez toutefois la clairvoyance d'éliminer les fumistes, les pessimistes et les rigoristes. Vous avez bien assez d'avoir des ennuis, sans avoir à faire face à des ennuyants. Si celui que vous avez choisi pour améliorer votre sort est un triste sire, comment voulez-vous reprendre confiance et revoir la vie en rose?

Dites-vous bien : « En fin de compte, c'est moi seul qui possède la solution de mon problème. » Si la personne que vous consultez a le talent de vous rassurer et de vous mettre sur la bonne voie, la partie est à moitié gagnée. Alors, je vous en prie, à vous de choisir celui ou celle qui saura vous guérir.

***

En définitive, n'en déplaise aux idéalistes et aux mai-gres-secs, nous avons toujours eu et nous aurons toujours des bons et des mauvais gloutons. Le bon glouton est celui qui mange trop, mais qui, par un phénomène mystérieux, ne souffre pas de sa gloutonnerie. Il en mourra peut-être plus tôt que prévu, mais comme ce sort échoit à tout être humain, il préfère vivre agréablement jusqu'à la dernière minute. Loin d'être un suicide, c'est une faim plus rapide.

Le mauvais glouton, tout comme le sac-à-vin et l'in-tempérant, se trouve la première victime de ses abus. Je dis bien « la première victime », car il fait également souffrir tous ceux qui l'entourent. Ses parents, ses amis, ses collègues doivent donc prendre tous les moyens possibles pour tâcher de le ramener à un état normal. Et alors, le

mouton noir, tellement heureux d'être devenu un mouton
blanc, vouera une reconnaissance infinie à toute la ber-
gerie.

***

Parlons maintenant des gourmets. Évidemment, comme ma vieille grammaire me l'a enseigné: les gourmets
embrassent toutes les gourmettes. Ce qui est d'ailleurs une
première preuve de gastronomie. Il ne fait aucun doute, en
effet, que la majorité des femmes savent apprécier les raf-
finements des bons mets et des bonnes boissons. Elles
représentent du reste un facteur important dans la jouissance d'un excellent repas. En plus de charmer leur compagnon de leur présence, on gagne toujours à les voir
s'épanouir devant un menu alléchant.

Homme ou femme, indépendamment de votre poids
ou de votre taille, la seule chose qui compte vraiment dans
cette vallée de charmes, c'est d'être bien dans votre peau.
Or, l'un des meilleurs moyens d'atteindre cet objectif sé-
duisant, c'est de pratiquer l'art de faire bonne chère. Non
une chasse gardée, la gastronomie est un art à la portée de
toutes les femmes et de tous les hommes de bonne volonté.
Regardez bien toutes les personnes qui prennent vraiment
plaisir à se mettre à table: elles éprouvent une joie sensuelle à vider amoureusement leur verre et leur assiette.
On peut donc dire à leur sujet qu'elles sont des gourmets
en puissance. Au départ, chacune d'elles est appelée à vi-

vre agréablement, toute sa vie, puisque sa façon intelligente de boire et de manger lui évitera, selon les termes mêmes du docteur Diafoirus, l'apepsie, la dyspepsie et la bradypepsie. Pourquoi? Parce que son comportement à table n'a pas le don d'énerver son jéjunum et son duodénum. Tout ce blablabla peut se résumer ainsi: pour devenir gourmet et jouir de la santé, son premier avantage, il faut commencer par aimer naturellement les plaisirs de la table.

Malgré cet excellent début, il n'est pas suffisant toutefois d'aimer à boire et à manger. Encore faut-il savoir discipliner son appétit. Oui, oui, je sais! Discipliner s'avère un mot très mal reçu par la jeune génération. Je veux parler de façon générale de celle qui n'a pas connu la dernière des dernières guerres, ou encore qui n'a pas subi la prohibition de manger de la viande le vendredi, sous peine de péché mortel. Laissons donc le sens arbitraire de la discipline, et parlons plutôt de surveiller son désir naturel de satisfaire ses papilles gustatives. Rappelons-nous toujours que le premier danger que court le gourmet provient de la voracité et de l'intempérance. Qu'il lui arrive parfois d'abuser des bonnes choses, tout le monde sait que la faiblesse humaine n'est pas un vain mot. Mais si ces incartades se multiplient trop souvent, on sera alors justifié de le traiter de Gargantua. On se rappelle sans doute que, selon Rabelais, ce nom original provient de l'incident suivant:

« Lors de la naissance de son fils, le père Grandgousier buvait et s'amusait avec ses amis. Or, en venant

au monde, son fils s'écria : « À boire ! à boire ! à boire ! » En entendant ces cris, le paternel lui dit en riant :
« Que grand tu as... le gousier ! » À la suite de cette
remarque, ses amis lui dirent que le nom du nouveau-
né devrait être Gargantua, puisque, à l'exemple des
anciens Hébreux, telle avait été la parole de son père
à sa naissance. »

La juste appréciation de tout ce qui est comestible ou
potable est une autre qualité du gourmet. Indépendamment de ses caprices ou de ses engouements, il doit donc
choisir des aliments et des boissons qui lui conviennent. Il
doit s'efforcer également de raffiner ses goûts. Et il ne doit
pas chercher à compliquer ou à multiplier les saveurs, en
se confinant à ce que le célèbre auteur André Guillot nous
enseigne dans son livre merveilleux, *La Vraie Cuisine
légère*.

Sans vouloir être plus catholique que les quelque
trois cents papes qui se sont succédé sur le trône de Saint-
Pierre, un gourmet ne doit pas manger à tort et à travers.
Même si la gastronomie ne l'astreint pas à observer les
cent quatorze chapitres du Coran, elle l'incite tout de
même à suivre les lois rudimentaires de la saine logique.
Elle lui conseille, par exemple, de balancer ou d'équilibrer
ses menus. Tous les auteurs s'entendent pour dire que
vous devez procéder jusqu'au dessert, de la saveur la plus
légère à la saveur la plus consistante. Vous avez beau aimer la finesse de la Sole de Douvres, vous perdrez beaucoup de son raffinement si vous la dégustez après un

Tournedos Rossini. Ce serait un peu comme débuter le repas par un Soufflé à l'érable et le finir avec un Esturgeon fumé.

Une autre habitude à prendre consiste à manger lentement. À voir certaines gens à table, on croirait qu'ils sont en train de se disputer le Grand Prix de Montréal ou de Monte-Carlo. Les vrais plaisirs de la vie se comptent sur les doigts de la main. Pourquoi vouloir les expédier en toute vitesse?

En plus de prendre tout le temps voulu pour apprécier pleinement chaque bouchée et chaque gorgée, il devient souverainement important de créer autour de soi une atmosphère de détente et de sérénité. Pour atteindre cette espèce de ravissement qui ne doit pas être confondu avec la désinvolture, il faut jouir d'une certaine largeur d'esprit. Pour commencer, même si l'on est reconnu comme gourmet, on ne doit jamais se prendre pour un autre. La raison paraît bien simple: ça coûte deux fois plus cher de nourrir deux personnes. Un gourmet ne doit donc jamais s'imaginer que lui seul a raison. S'il n'apprécie pas tel ou tel mets, telle ou telle boisson, il n'a qu'à les oublier et se taire. Désapprouver, à tort ou à raison, c'est se créer la réputation d'un poseur, d'un « m'as-tu-vu », d'un fat et d'un impertinent. Personne n'a le droit de traiter en inférieurs ou en parents pauvres les tempérants, les abstèmes, les mal nourris, les maigrichons et ceux qui raffolent des repas rapides et des casse-croûte. Il ne faut donc pas suivre l'exemple de Jules Véron qui disait des buffets de gare en France : « Ce sont des endroits où l'on sert à des voyageurs qui passent des aliments, eux, qui ne passent pas. »

Contrairement à ce que certaines personnes croient, la gastronomie n'est pas l'apanage des millionnaires, des nouveaux riches, des intellectuels et des snobs. On aurait tort de croire que, pour être gourmet, il faut se limiter à des aliments d'un prix « caviaresque » et à des vins qui remontent au grand-père de leur arrière-grand-père. D'ailleurs, n'allons pas croire qu'Antoine et Cléopâtre buvaient un vin d'aussi haute qualité que le Romanée-Conti 1929.

Par contre, l'art de faire bonne chère ne doit pas tourner en plaisanterie. C'est un domaine sacré où l'on doit avoir un souverain respect pour chaque saveur, des plus simples aux plus somptueuses. Pour leur rendre entièrement justice, nous reprenons toujours la même chanson : il faut les harmoniser entre elles, les équilibrer au cours d'un même repas, éviter d'en abuser et, finalement, les entourer d'une atmosphère de réjouissance. N'oublions jamais que la moindre collation et le repas le plus fastueux ne passeront pas la rampe, si nous n'en soignons pas l'ordonnance et si nous n'en apprécions pas la substance.

Pour terminer en jovialité, une des remarques les plus plaisantes que je connaisse, en gastronomie, nous vient de Charles Dickens : « Qui mange bien, boit bien. Qui boit bien, dort bien. Qui dort bien, ne pèche pas. Et qui ne pèche pas, va droit au ciel. » En tout cas, mes très chères soeurs, mes très chers frères, c'est la grâce que je vous souhaite...

Gérard Delage

Par une heureuse coïncidence, Gérard Delage est né le 27 septembre, date qui, beaucoup plus tard, devait être choisie comme Journée internationale du Tourisme.

En 1912, le seul événement important qu'on signale est le naufrage du *Titanic.* Et pourtant, c'est précisément cette année-là que Gérard Delage, fils légitime d'Achille Delage et de Blanche Christin, devenait le seul frère de Marcelle, Berthe et Jacqueline.

Vingt-cinq ans plus tard, après avoir étudié à Nominingue, son village natal, ainsi qu'à Sainte-Thérèse, Saint-Hyacinthe, Montréal et Londres, il convolait en justes noces avec Yvette Jutras qui lui fit le cadeau de Jocelyne, Niquette et Lison, Pierre, Yves et Michel.

Pour résumer sa carrière gastronomique, Gérard Delage commence en 1952 par devenir membre de la Société des Amis d'Escoffier, de New York, composée en majeure partie des grands chefs européens établis dans la métropole américaine, dont Joseph Donon, Robert Audelan, Henri Soulé, Raymond Vaudard et Anthony Lagasi.

Grâce à l'étroite collaboration de nos grands maîtres queux du temps, Gérard Delage est à l'origine de la renaissance gastronomique de l'époque, en 1954, en devenant le maître d'oeuvre de deux grandes confréries, soit le Club gastronomique Prosper Montagné, de Paris, et les Amis d'Escoffier, de New York. Il procède ensuite à la création des Compagnons de la Bonne Table et des Gourmets du Nord. De plus, il collabore activement par ses renseignements, son expérience et ses bons conseils à la naissance chez nous d'une vingtaine de confréries masculines, féminines ou mixtes.

Avec Claude Michel, il participe à deux importantes missions gastronomiques en France, ce qui lui permet de visiter les grandes régions vinicoles et de se familiariser avec les divers aspects de la cuisine française.

Ses nombreuses présences aux congrès de l'Hôtellerie internationale, où il représente les hôteliers du Canada pendant un quart de siècle, lui donnent également l'occasion de connaître toute la gamme des vins et des plats étrangers.

Sans poser au puriste ou à l'expert, Gérard Delage a prononcé plusieurs centaines de causeries au Québec, dans les autres provinces canadiennes et aux États-Unis, dans le but de prouver que la bonne table est notre principal attrait touristique.

Il a également profité de son rôle d'animateur à la radio et à la télévision, au cours des programmes *Que feriez-vous?*, *Que diriez-vous?*, *Qui suis-je?*, *Le ralliement du rire, Télescope* et *La clé des champs,* pour inciter les auditeurs et les téléspectateurs à s'adonner de plus en plus à l'art de faire bonne chère.

Quant à ses nombreux écrits sur le bien boire et le bien manger, on les retrouve tour à tour dans les publications : *Hôtellerie-Restauration, En Route, Le Médecin du Québec, Commerce, Le Monde professionnel, Aventures* et *L'Actualité médicale.* L'hebdomadaire *Dimanche-Matin* lui a aussi donné l'hospitalité dans ses colonnes pendant plus de dix ans.

En 1972, il devient président et organisateur du Congrès international de la gastronomie à Montréal, événement qui fut l'un des plus marquants et des mieux réussis de toutes nos annales.

À ce moment, Gérard Delage était déjà membre ou titulaire de *treize* sociétés vinicoles et de *vingt-deux* confréries gastronomiques.

C'est à la suite de toutes ses activités, ses écrits, ses discours et sa participation à la plupart des grandes manifestations gastronomiques qu'on lui décerne le titre de *Prince des Gastronomes.*

Même si Gérard Delage continue de craindre que cette « Appellation contrôlée » lui donne une importance démesurée, il l'a acceptée à condition qu'à titre de doyen du monde gastronomique on rende ainsi hommage, par son entremise, aux centaines de professionnels qui n'ont ménagé aucun effort pour faire du Québec *le paradis de la bonne table!*

De fait, si Gérard Delage a pu oeuvrer avec succès dans le milieu gastronomique, il le doit surtout à l'Association des hôteliers de la Province de Québec et au Conseil de l'hôtellerie et de la restauration, où l'on a épaulé ses efforts pendant *quarante* ans. Il faut noter également qu'il a reçu une aide précieuse non seulement du Conseil du tourisme dont il fut président pendant sept ans et membre actif durant vingt ans, mais également des autorités gouvernementales, de l'industrie privée et de l'Institut du tourisme et de l'hôtellerie.

Membre du Barreau depuis 1935, Gérard Delage a fait sept ans de pratique privée et, par la suite, il est tour à tour conseiller juridique de l'Union des Artistes pendant treize ans, de la Société des Auteurs pendant dix ans, de l'Association des hôteliers ainsi que du Conseil de l'hôtellerie et de la restauration pendant quarante ans.

En terminant, disons que, lors de sa demi-retraite en 1980, ses nombreux amis du monde du droit, de l'art lyrique et dramatique, de l'hôtellerie et de la restauration, de la gastronomie et de l'art culinaire, de la politique et des affaires, ont créé en son honneur *La Fondation Gérard Delage*. Son but? Continuer l'oeuvre de cet apôtre du bonheur de vivre, en décernant des bourses aux étudiants les plus méritants de l'art culinaire et de la gestion hôtelière afin de leur permettre de parachever leurs études et leurs connaissances pratiques, dans les grandes universités, les restaurants et les hôtels les plus prestigieux du monde. Ce magnifique travail s'accomplit grâce à la générosité de centaines et de centaines de donateurs ainsi qu'à la coopération bénévole des représentants les plus compétents de toutes les sphères de l'industrie de l'hospitalité. C'est là qu'on se rend compte de la vérité de ce que Gérard Delage s'amuse toujours à répéter: « N'oublions jamais que la gastronomie est le premier reflet de la civilisation. »

Distinctions honorifiques et professionnelles

Président d'honneur de

l'Ordre des Hôtes-Fromagers
le Grand Ordre de la Chevalerie marmitoise
les Compagnons de la Bonne Table (Fondateur)
les Gourmets du Nord (Fondateur)
les Chevaliers de la Table ronde
les Friands du Palais
le Club gastronomique Brillat-Savarin

Membre d'honneur de

l'Amicale des Sommeliers
les Amies de Lucullus
les Amitiés gastronomiques internationales

le Beaver Club

le Conseil souverain

l'Ordre des Dames de la Duchesse Anne

la Commanderie du Houblon d'Or

les Disciples d'Épicure

la Fédération canadienne des chefs de cuisine

la Société des Chefs de cuisine et Pâtissiers

l'Académie culinaire de France

la Région de Cognac

le Comité interprofessionnel du vin de Champagne

les Amitiés bachiques

la Confrérie du Trou normand

l'Ordre illustre des Chevaliers de Méduse (Grand Officier d'Honneur)

Titres vineux et gastronomiques

Commandeur de la Confrérie des Chevaliers du Tastevin

Compagnon de l'Académie du Vin de Bordeaux

Prud'homme de la Jurade de Saint-Émilion

Seigneur de la Principauté de Franc-Pineau

Chevalier de l'Ordre de la Chantepleure

Grand Connétable de la Pairie des Grands Vins de France

Chevalier de Sancerre

Compagnon du Beaujolais

Grand Ami d'Escoffier de New York

Grand Ami d'Escoffier de Montréal

Compagnon des Fournisseurs de la Bonne Table

Disciple de l'Association des Gastronomes amateurs de poissons

Chevalier de la Chaîne des Rôtisseurs

Commandeur des Cordons bleus de France

Grand Maistre de la Commanderie des Anysetiers du Roy

Compagnon de Saint-Uguzon

Ripailleur laurentien

Chevalier de la Commanderie des Costes du Rhône

Compagnon international de la Vigne et du Vin

Membre de la Fédération internationale des confréries bachiques

Prince élu des Gastronomes (1973)

Membre à vie de

l'Association des hôteliers du Canada

l'Association des hôteliers du Québec

l'Association des hôteliers du Manitoba

l'Office des congrès et des visiteurs du Grand Montréal

l'Union des Artistes

le Barreau de Montréal et du Québec

la Commanderie des Vinophiles (Grand Commandeur)

les Vignerons de Saint-Vincent (Chevalier)

le Club gastronomique Prosper Montagné (Délégué général)

l'Ordre de Saint-Fortunat (Commandeur)

Autres distinctions:

le Prix de l'Excellence touristique (1985)

l'Ordre de Napoléon (1985)

la Fondation Gérard Delage

le Chemin du Prince (Saint-Marc-sur-Richelieu)

la Médaille d'argent du Tourisme canadien (1982)

la Médaille d'or (Humour et Gastronomie) du Congrès international de la gastronomie (1972)

le Mérite annuel des diplômés de l'Université de Montréal (Gastronomie, Hôtellerie et Tourisme, 1975)

le Mérite hôtelier (Commandeur)

le Mérite universitaire (1934)

Bibliographie

L'Art de la Table	Pierre ANDRIEU
La Belle Époque à table	GAULT-MILLAU
Balzac à table	COURTINE
Bien manger pour bien vivre	Dʳ Édouard de POMIANE
La Cuisine du bonheur	Raymond OLIVER
Écrits gastronomiques	Grimod de la REYNIÈRE
Ma Cuisine	Fernand POINT
Le Grand Dictionnaire de Cuisine	Alexandre DUMAS
Eat Well and Stay Well	Ancel KEYS
La Gastronomie pratique	Ali BAB
French Classical Cuisine	Joseph DONON
La Grande Cuisine minceur	Michel GUÉRARD
Le Larousse gastronomique	Prosper MONTAGNÉ
Un Gastronome se penche sur son passé	
	Simon ARBELLOT
Le Guide culinaire	Auguste ESCOFFIER
La Physiologie du Goût	BRILLAT-SAVARIN
Ma Tour d'Argent	Claude TERRAIL
La Cuisine du marché	Paul BOCUSE
La Sobriété	Charles de KONINCK
Souvenirs littéraires et gastronomiques	CURNONSKY
La Vraie Cuisine légère	André GUILLOT
La Vraie Cuisine française simple et anecdotique	
	(COURTINE) SAVARIN

Table des matières

La composition de ce volume
a été réalisée par
les Ateliers de La Presse, Ltée

Lithographié au Canada
sur les presses de
Métropole Litho Inc.